Elogios para *Ca...* .... *tos años*

¿Quién diría que el .... mejorar con la edad? Gary Chapman y Harold Myra nos presentan una fotografía de alta definición de las realidades del matrimonio en la segunda mitad de la vida, pero también las alegrías, la esperanza, el humor y la *vida* que ofrece una relación madura. ¡Es un mensaje muy bienvenido!

—**MARSHALL SHELLEY**, editor de *Christianity Today*

Mi biblioteca está llena de consejos matrimoniales, pero ninguno es tan específico y útil para la segunda mitad del matrimonio como *Casados y felices... después de tantos años*. Los matrimonios no sobreviven en piloto automático. Necesitan un esfuerzo deliberado y sabiduría en cada etapa. Este libro es práctico y fácil de leer, y te permitirá afrontar los desafíos reales de un matrimonio que alcanza la madurez plena.

—**JULI SLATTERY**, presidente y cofundadora de Authentic Intimacy

El Antiguo Testamento nos cuenta muchas veces acerca de personas inteligentes y capaces que durante décadas hicieron lo correcto (Noé, Salomón, Joás, Ezequías, Josías), pero se descarriaron al final de su vida. En nuestro tiempo, el aumento alarmante de divorcios de personas mayores es inquietante para todos. Si quieres revertir esa tendencia, este es el libro que necesitas. Léelo, aprende, y descubre las claves para un final exitoso.

—**DEAN MERRILL**, editor y autor laureado que ha estado casado más de cincuenta años

¡Es un libro profundo y alentador!

—**JAY KESLER**, presidente emérito de Taylor University

GARY CHAPMAN
HAROLD MYRA

CASADOS
Y FELICES...
DESPUÉS DE TANTOS AÑOS

EDITORIAL
PORTAVOZ

La misión de *Editorial Portavoz* consiste en proporcionar productos de calidad —con integridad y excelencia—, desde una perspectiva bíblica y confiable, que animen a las personas a conocer y servir a Jesucristo.

Título del original: *Married and Still Loving It,* © 2016 por Gary Chapman y Harold Myra, y publicado por Moody Publishers, 820 N. LaSalle Boulevard, Chicago, IL 60610. Traducido con permiso.

Edición en castellano: *Casados y felices... después de tantos años,* © 2017 por Editorial Portavoz, filial de Kregel, Inc., Grand Rapids, Michigan 49505. Todos los derechos reservados.

Traducción: Nohra Bernal

Diseño de portada: Dogo Creativo

Fotografía de Joni y Ken Tada utilizada con el permiso de Joni Eareckson Tada de Joni and Friends.

EDITORIAL PORTAVOZ
2450 Oak Industrial Drive NE
Grand Rapids, MI 49505 USA
Visítenos en: www.portavoz.com

ISBN 978-0-8254-5692-3 (rústica)
ISBN 978-0-8254-6565-9 (Kindle)
ISBN 978-0-8254-8726-2 (epub)

1 2 3 4 5 edición / año 26 25 24 23 22 21 20 19 18 17

Impreso en los Estados Unidos de América
Printed in the United States of America

A nuestras esposas, Karolyn Chapman y Jeanette Myra, con quienes compartimos las alegrías y los desafíos de tantos años, y a las parejas que nos han contado sus historias de perseverancia, fe y amor.

Contenido

Introducción

El amor en los "años dorados"

E ra difícil imaginar, en aquellos tiempos en los que muchos de nosotros contrajimos nupcias con nuestros elegantes trajes y vaporosos vestidos blancos, que algún día estaríamos hablando tras cuarenta años de matrimonio diciendo cosas como: "En Florida no hay impuesto de renta estatal" y presumiendo de los nietos (o esperando tenerlos). Es difícil imaginar que no nos levantaríamos de la cama de un salto, listos para conquistar el mundo. Algunos días sentimos como si el mundo nos hubiera vencido y ganado una ronda decisiva.

Pero aquí estamos.

¿Son los últimos años "los mejores"? Algunos estudios lo afirman. Las investigaciones muestran que las personas son más felices conforme envejecen. Pero aparte de los estudios, ¿cómo se *siente* realmente ser un matrimonio en la segunda mitad de la vida que enfrenta cambios potencialmente desgarradores? Escucha lo que dicen unos amigos:

La idea de envejecer juntos me vino cuando mi esposo y yo estábamos sentados en la sala de espera de la clínica oftalmológica de nuestra localidad, un centro de primera categoría.

9

Personas de todas partes acuden allí para sus tratamientos. Todas parecían mayores que nosotros, lo que fue alentador. Algunos usaban caminadores. Otros, anteojos oscuros. Mientras una pareja hablaba alegremente, otra estaba concentrada en sus pantallas, como los jóvenes. Otras parejas estaban literalmente sosteniéndose mutuamente. Estar allí sentada me hizo pensar: "¿Seremos así en unos años? ¿Cómo será el futuro, envejeciendo con mi esposo?".

¿Cómo es un matrimonio que florece al llegar a los cincuenta, sesenta o más años? En efecto, los años de madurez pueden, con frecuencia, ser más felices porque nos conocemos mejor y nos sentimos más reconciliados con nuestra propia vida. El matrimonio en la etapa del nido vacío puede ser un tiempo de compañerismo y contentamiento. Sin embargo, no podemos pasar por alto la realidad de las limitaciones de salud, las preocupaciones financieras, y el porvenir de los hijos adultos. Podemos experimentar soledad cuando los amigos se mudan lejos. Algunos vemos cómo la vida de nuestros padres se marchita por cuenta de la demencia. Otros todavía luchan por sostener a sus hijos en la universidad, o se preguntan cuál es la siguiente etapa en su vida laboral. Saber envejecer a veces se trata más de reconocer cuánto *desconocemos*.

Entonces volvemos a preguntarnos, ¿cómo funciona todo esto?

Sabemos las fórmulas para edificar un matrimonio fuerte: comunicación, respeto mutuo, dedicar tiempo al otro, y saber afrontar el conflicto. Yo (Gary) he tenido el privilegio de aconsejar y hablar con parejas sobre estos asuntos durante años. Sin embargo, las parejas experimentadas también poseen y pueden aportar mucha sabiduría y experiencia para sobrellevar esos desafíos. Así que además de las reflexiones prácticas sobre cómo navegar esta "segunda mitad" del matrimonio, contaremos historias de esposos y esposas que hacen frente a las realidades de esta etapa.

Cuando hablamos con estas parejas, con frecuencia encontramos esta paradoja: una felicidad atenuada por el serio entendimiento de las realidades de la vida. Algunas fueron positivas, y terminamos riendo juntos. Sin embargo, algunas conversaciones fueron dolorosamente sinceras. Las parejas nos advirtieron acerca de no adornar la realidad, porque no hay que subestimar los efectos de la pérdida de la salud y de la energía de la juventud.

¡Estoy de acuerdo! Nosotros, en lo personal, no somos ingenuos respecto a los desafíos de los años de madurez. Después de todo, nosotros mismos estamos ya avanzados en años. Nuestras esposas han experimentado problemas de salud delicados. Aun así, también es cuando muchas cosas buenas pueden suceder: la capacidad de apreciar los detalles, el conocimiento profundo y sólido de la pareja (y de sí mismo), el alivio de *no* sentir que debemos competir con otros.

No obstante, para un número creciente de parejas maduras, todo esto no es suficiente. Los divorcios de estas parejas van en aumento. Otros se sienten atrapados y completamente infelices. El paso de los años no es suficiente. ¿Qué sucede? ¿Por qué tanto contraste entre las parejas infelices o resignadas estoicamente en sus matrimonios, y aquellas que, como decía un amigo nuestro, están felizmente "unidas por la cadera"?

Obviamente las respuestas abundan. Las personas llegan al matrimonio con problemas previos; los matrimonios infelices pueden empeorar con los años, ahondando el dolor y el enojo; a veces las enfermedades y otros sucesos graves son abrumadores. Y asecha la pregunta *"¿Esto es todo, o hay algo más?"*.

Al mismo tiempo, muchos de quienes nos contaron sus historias venían de circunstancias difíciles. A esas alturas de la vida, pocos, si acaso algunos, han escapado de los golpes de la vida. ¿Cuál es entonces la diferencia entre los matrimonios que florecen y los que naufragan? Tres "rasgos de un matrimonio duradero" aparecieron una y otra vez:

Risa y aceptación. Las parejas que florecen ven las imperfecciones del otro e incluso sus hábitos enloquecedores, y después de tantos años pueden al menos reírse de ello juntos. Se aceptan a sí mismos y al otro tal como son, con defectos y todo. Una esposa dijo: "No tengo que cambiar todos sus defectos y volverlo perfecto. Él todavía piensa que me ayuda poniendo su plato sucio junto al fregadero".

Perseverancia. Conforme surgían las historias difíciles y los reveses de la vida, percibimos en estos hombres y mujeres su perseverancia. El fundamento de esa perseverancia era su nivel de compromiso con el matrimonio. Consideraban el matrimonio como un pacto que los capacitaba para soportar junto con su pareja los altibajos y las fluctuaciones de la vida.

Fe. El ancla de su compromiso era su fe. Nos repitieron que la fe era el eje para manejar los choques de personalidad, las heridas y las crisis. La fe hacía posible vivir momentos de gozo.

Estamos agradecidos por todos los hombres y mujeres que compartieron sus experiencias con nosotros. (Algunos nombres y detalles de identificación han sido cambiados). También escuchamos las historias de veteranos como Jerry y Diana Jenkins, Joni y Ken Tada, y de John y Cindy Trent. Todos han escrito con elocuencia y sinceridad acerca del matrimonio, pero más importante aún, han "vivido lo que hablan". Todos tuvieron la gentileza de comunicarnos su sabiduría. Agradecemos profundamente sus aportes.

Y ya que las parejas de todas las edades necesitan ideas prácticas, yo (Gary) ofrezco algunas indicaciones que espero serán de provecho para tu relación de pareja.

El libro de Eclesiastés nos dice que "todo tiene su tiempo, y todo lo que se quiere debajo del cielo tiene su hora... tiempo de buscar, y tiempo de perder... y que Dios todo lo hizo hermoso en su tiempo".

Los años dorados son un don y un desafío. Mi anhelo es que podamos vivirlos juntos con entusiasmo y expectativa.

—GARY CHAPMAN Y HAROLD MYRA

PRIMERA PARTE

1

Aceptar la aventura de la vida

Una joven entra en un café parisino y atrae la mirada de un hombre… una joven rica y un hombre pobre pelean juntos contra un villano… unos amantes huyen en medio de la jungla hacia un precipicio. En las películas, romance es sinónimo de aventura: la emoción del peligro, la exploración, la persecución, y el nuevo amor. Todo es emocionante, excitante y atrayente. Pero Hollywood rara vez asocia aventura con matrimonio. Nosotros tampoco. De hecho, los consideramos opuestos. Decimos: "¿Por qué esa joven no se casa y se organiza?". Hollywood realmente no asocia aventura con personas mayores, con la notable excepción de Judi Dench que encuentra el amor en India en las películas *El exótico hotel Marigold*.

Sin embargo, la aventura *es importante*. La aventura importa porque, para muchos de nosotros, la tentación es organizarnos y quedarnos ahí. Las películas del "Marigold" cautivaron porque trataron preguntas que muchos nos formulamos, como: ¿Quién soy yo? ¿Qué somos nosotros? ¿Qué vamos a hacer con el tiempo que Dios nos da? ¿Qué puede ser lo que nos hace falta?

Sonreímos cuando una amiga nos describió un momento reciente en su matrimonio:

Entre más envejecemos, menos pacientes somos con el invierno del norte. Una forma de marcar una ruptura con la temporada sombría es visitar a nuestros amigos en una casa en una isla de la costa de la Florida. Ver manatíes, pelícanos, palmeras, y sentir la calidez del agua salada besando nuestros pies son verdaderos bálsamos para el alma congelada.

Lo mejor de todo es la dicha de pasar tiempo con amigos queridos, tal como somos, totalmente relajados.

Una noche, después de una gran cena, todos estábamos descansando frente al televisor para ver un juego de baloncesto. Todos, incluso los dos perros labradores, estaban recostados. Ah, ¡esto es vida!

Cuando menos pensé, estaba parpadeando y sacudiéndome la somnolencia. Me había quedado dormida, al igual que todos los demás. Estaban presentando algún programa de entrevistas. Uno de los esposos estaba dormido en el sofá. Otro, sentado. Una de las esposas, dormitaba acurrucada. Y los dos perros, tumbados y roncando.

¡Quedé encantada con la vulnerabilidad que infundía aquel momento! ¿Cuándo nos ven dormidos nuestros amigos? Me alegró que mi esposo y yo no fuéramos los únicos que hubieran "caído como troncos" frente a la pantalla, boquiabiertos. Todo era tan cómodo y acogedor...

"GIROS Y SORPRESAS INESPERADOS"

Un ambiente cómodo y acogedor es maravilloso, pero ¿cuándo estamos *demasiado* cómodos? ¿Cuándo hay que levantarse del sillón reclinable y hacer algunos cambios?

El psiquiatra suizo Paul Tournier, en *La aventura de la vida*, escribe que nunca hemos encontrado la satisfacción excepto viviendo con un espíritu aventurero. Él aplica este principio específicamente a todas las etapas del matrimonio: "Para tener un matrimonio exitoso hay que tratarlo como una aventura, con todas las fortunas y contrariedades que supone una aventura compartida con otra persona". Dependiendo de tu personalidad, "aventura" significa muchas cosas. Para algunos que están casados con sus rutinas puede significar un cambio en la ruta a la tienda de víveres. Pero hay una gran riqueza a disposición de las parejas casadas por mucho tiempo que traen algo *nuevo* a su matrimonio: nuevas ideas, nuevas conversaciones, y nuevas personas por conocer. Buscar cosas nuevas y cambios, aunque pequeños, es algo que estimula el cerebro, e incluso crea nuevas conexiones neuronales.

Buscar cosas nuevas no es necesariamente lo mismo que novedad. Muchos conocemos parejas cuyos años de madurez consisten en una búsqueda vana de placer. Aun así, tampoco queremos quedarnos estancados. Escuchemos al psiquiatra Tournier, quien escribe que, a lo largo de la vida, necesitamos nuevas aventuras, y que encontramos propósitos conjuntos en ellas cuando "esperamos en Dios un nuevo comienzo".

Esta es su fórmula para el matrimonio: "La vida entregada es una aventura porque siempre está en alerta, escuchando a Dios, su voz y sus ángeles. Es un rompecabezas apasionante, una búsqueda emocionante de señales divinas". Tournier describe la aventura de la fe como "emocionante, difícil, y exigente, pero llena de poesía, de nuevos descubrimientos, de giros inesperados y nuevas sorpresas. Decir 'sí' a Dios es decirle 'sí' a la vida. El matrimonio puede convertirse de nuevo en una aventura, aun cuando se ha convertido en una mera institución, un hábito, e incluso un fastidio".[1]

---

1. Paul Tournier, *The Adventure of Living* (New York: Harper & Row, 1967), p. 137. Publicado en español por Andamio (2011) con el título *La aventura de la vida*.

MENOS ESPACIO, MÁS MARGEN

Muchas parejas con el nido vacío se preguntan si deben vender su gran casa de los suburbios y mudarse a una pintoresca cabaña campestre o un elegante apartamento citadino en un barrio donde se pueda caminar. Leemos las innumerables listas de "lugares más recomendados para pensionados" y nos preguntamos cómo nos iría, por ejemplo, en los estados de Carolina del norte o del sur. Pero Pablo y Berta en realidad hicieron mucho más que pensar al respecto.

> Yo pensaba: *Si estamos tan separados a los cincuenta, ¿cómo será cuando lleguemos a los setenta?*

La pareja se mudó hace poco desde las profundidades de una zona suburbana a un condominio en la ciudad con una vista increíble al mar, cambiando la agotadora rutina de desplazamiento de dos horas de Pablo, a un breve recorrido de 12 minutos en bus para ir al trabajo. En la mañana, el sol del amanecer inunda su habitación y resplandece sobre el agua (aunque, según Pablo, sin cortinas "es como 50 grados aquí cuando sale el sol"). Van a todas partes caminando, hablan con sus nuevos vecinos de la ciudad, han encontrado una nueva iglesia con mucha gente joven y, en general, se sienten mucho más relajados.

Para Berta y Pablo, el cambio a la ciudad fue en realidad un redescubrimiento en muchos sentidos. Empezaron su vida de casados en la ciudad y prometieron que algún día volverían.

Pero primero querían criar a sus hijos en los suburbios. "Fue Pablo quien se sacrificó por su familia —dijo Berta—. Cuando iba a la ciudad, me preguntaba: '¿Cómo puede él hacer esto?'".

"Siempre estaba cansado —dijo Pablo—. Me obsesionaba dormir. Me preguntaba constantemente: 'Si me acuesto a tal o tal hora, ¿cuántas horas voy a dormir?'. Berta y yo vivíamos muy separados. Yo pensaba: *Si estamos tan separados a los cincuenta, ¿cómo será cuando lleguemos a los setenta?*".

Cuando los hijos crecieron y Pablo fue promovido en el trabajo, parecía el momento adecuado para mudarse. Además, la hija mayor que fue a casa para visitarlos miró a su padre y le dijo: "Si esto sigue así, van a morir. Quiero que mis hijos tengan abuelos". Y ella "les ordenó" mudarse a la ciudad.

Ahora era el momento de Berta de sacrificarse. "Fue muy difícil para ella renunciar a su vida personal para que pudiéramos tener una vida juntos —dijo Pablo—. Pero era necesario para que tuviéramos una vida en compañía".

"Y parte de esta nueva etapa es que cada uno conoce mejor lo que el otro vive y experimenta", dice Berta.

"TRABAJÁBAMOS JUNTOS"

Carlos y Sonia también son aventureros. Ellos no son la pareja típica. Ambos colaboran en su iglesia local. No toman vacaciones exóticas (a menos que se cuente un viaje que hizo Carlos para visitar una iglesia "hermana" en Nigeria hace unos años). Han vivido en la misma casa durante muchos años. Pero Carlos y Sonia han encontrado la aventura y algo nuevo en buscar "un propósito común".

Cuando sus dos hijos eran pequeños, Carlos y Sonia hicieron un descubrimiento que transformó su matrimonio. Lideraron un grupo juvenil en la iglesia, cuyos jóvenes eran tan irrespetuosos que quisieron abandonar la tarea. Y aunque esto desgastó su relación matrimonial, también los obligó a comunicarse más.

Esto fue lo que descubrieron:

"La sorpresa más grande fue que algo positivo le sucedía a nuestro matrimonio. Trabajábamos juntos en algo. ¡Qué lío! Ese ministerio juvenil, que desde todo punto de vista debió acabar con nuestro matrimonio, en realidad lo llevó a una mayor unidad e intimidad". El hecho de "trabajar juntos" se convirtió en algo mucho más que una tarea conjunta. Escribieron un libro en el que condensaron su visión del matrimonio como un medio para servir a otros.

Desde que lideraron ese grupo juvenil hace décadas, Carlos y Sonia han experimentado desafíos personales grandes: dificultades con los hijos, momentos duros en la vida de la iglesia, dolor físico crónico. A pesar de eso, ellos siguen sirviendo como un equipo para ayudar a otros. Hace poco invitaron a cuatro parejas más jóvenes a reunirse en su casa para hablar acerca de la vida. "Son parejas muy activas en la iglesia que quieren crecer. Ayudar a otras parejas es algo que nos encanta hacer juntos".

Ahora Carlos ha empezado un nuevo empleo, ha regresado al mundo editorial al que pertenecía hace treinta años. Pero, siempre en su espíritu de pastor, continuará participando en la iglesia donde él y Sonia sirven. Y en medio de toda su ocupación, me atrevería a decir que seguirán usando su matrimonio para servir a otros, y viviendo aventuras en el camino.

"CUANDO PERDIMOS GRAN PARTE DE NUESTROS FONDOS DE PENSIÓN, LA DECISIÓN ESTABA EN NUESTRAS MANOS"

Hacer del matrimonio una aventura en vez de un aburrimiento requiere la cooperación de dos personas, las cuales son, a veces, muy diferentes. ¿Qué pasa con los talentos, las preferencias y las inclinaciones personales? ¿Cómo puede una pareja abrazar un propósito conjunto cuando son hombre y mujer, "Marte y Venus", individuos únicos?

Las experiencias que vivieron Tomás y Marcela nos parecen relevantes para responder estas preguntas. Ahora mismo están viviendo una aventura muy original. Decidieron vivir en un bote.

No, no una casa flotante sino un bote muy pequeño con un área de 32 metros cuadrados. ¿Cómo terminaron en un bote? Hace unos años, la Gran Recesión liquidó el patrimonio neto de su vivienda. El año siguiente, la comisión de seguridad e intercambio (SEC) llamó y les informó que dos hombres de su confianza en realidad estaban planeando una estafa para defraudarlos y robar los ahorros de toda su vida. Los hombres terminaron en la cárcel y, Tomás y Marcela, en una situación que les impedía pagar una casa o un alquiler.

Tenían pocas opciones.

"Siempre quisimos vivir en el agua —dijo Tomás—, de modo que no era impensable aprovechar la crisis financiera para inventar una aventura. Nos decidimos a buscar un bote".

¡Y esto se convirtió en una larga aventura en un bote! En ese pequeño espacio, mes tras mes, ¿cómo pueden vivir dos personas tan diferentes? Desde el comienzo de su matrimonio, ellos habían establecido una declaración de misión personal, y también una como pareja. Esto nos llamó la atención. Ellos pusieron en práctica sus declaraciones personales, pero pasaron por alto la misión como pareja.

¿Porqué se empolvó la declaración de misión de pareja? Esto fue lo que nos dijeron: "Las declaraciones personales de propósito fueron las que nos ayudaron a unirnos como pareja". Esto puede parecer contradictorio, pero algo que establecía era lo esencial que es el respeto de cada uno por lo que el otro aporta al matrimonio.

Sin embargo, después de décadas de matrimonio, las nuevas dinámicas crearon nuevas tensiones, como asimilar el impacto emocional de las pérdidas financieras.

"Cuando perdimos gran parte de nuestros fondos de pensión, la decisión era nuestra —dice Tomás—. Podíamos lamentarnos por nuestra pérdida, o imaginar cómo podría ser nuestra vida en un ambiente completamente distinto. Confiar en la provisión de Dios es algo muy real para nosotros. También lo es nuestra gratitud por ella. Muchas veces nos preguntamos: '¿Qué va a pasar ahora? ¿Cómo va a proveer Dios? ¿Nos mudaremos a una casa de verdad donde los nietos puedan visitarnos más a menudo?' Entonces respondemos: podemos vivir en un bote, cumplir un sueño, aprender a confiar en nuestro Maestro para avanzar cada paso".

ENTENDER "AL OTRO"

Un toque de originalidad, un sentido de propósito y aventura, y un compromiso con metas compartidas son elementos que revitalizan y estrechan la relación matrimonial. Esto significa buscar el crecimiento y el desarrollo de los talentos de la pareja año tras año. Significa no pasar de la comodidad al estancamiento. A veces esto supone sacrificio.

El otro. La única forma como puede florecer un matrimonio en cualquier etapa es que "el otro", la persona más importante de nuestra vida, sea comprendido, tenido en cuenta y escuchado. Si el matrimonio ha de perdurar, los cónyuges deben estar en sintonía, especialmente en los grandes dilemas de la vida. Los cónyuges pueden tener valores comunes, pero disentir acerca del camino que deben tomar.

Al igual que otras parejas, hace mucho Jeanette y yo (Harold) tomamos decisiones que ahora definen nuestras vidas. En tres decisiones cruciales, fue Jeanette la que insistió en que las tomáramos en completo acuerdo.

Por iniciativa suya nos habíamos convertido en padres sustitutos, y llegó el momento en que un pequeño llamado Ricardo necesitó adopción. Sin embargo, teníamos suficientes ocupaciones con nuestros tres hijos biológicos y las presiones de mi trabajo. Ya no estábamos en edad de adoptar.

Oramos y hablamos acerca de esta disyuntiva repetidas veces. Jeanette insistió en decir: "De ninguna manera podemos hacer esto si tú no estás en completo acuerdo conmigo para esta decisión".

En tres ocasiones fuimos confrontados con la necesidad evidente de adoptar a un niño. En tres ocasiones los dos, después de mucha oración y conversación, accedimos.

Los tiempos difíciles nunca faltan, y en nuestro caso tuvimos una gran medida de ello. La insistencia de Jeanette de estar de acuerdo los dos en las adopciones resultó clave. ¡Cuán fácil hubiéramos podido empezar a echarnos la culpa! "Si tan solo *tú* no hubieras...".

En las películas de acción, cuando uno de los cónyuges no está de acuerdo y otro se distancia, usualmente termina en desastre. Por el contrario, cuando existe la determinación de buscar un acuerdo, o de afirmar una decisión común, se confirma cuán relevante es la sabiduría bíblica según la cual "mejor ser dos que uno, porque ambos pueden ayudarse mutuamente" (Ec. 4:9, NTV).

CÓMO PASAR LOS "AÑOS EXTRA"

Los demógrafos nos dicen que hay algo nuevo bajo el sol: veinte o treinta años más de "vida extra" en términos de expectativa de vida. El psicólogo Erik Erikson denominó esta una época "generativa", cuando los adultos experimentados pueden transmitir sabiduría y valores a las siguientes generaciones.

Muchas parejas usan muy bien el tiempo "generativo" extendido, considerándolo un regalo. Jaime y Susana, cuya casa es un ir y venir de nietos y visitas internacionales, viajan con frecuencia a Brasil para ayudar a su hija y su familia en el ministerio a los niños de las calles en Sao Paulo.

Su instinto natural por la aventura empezó temprano. Jaime,

un clavadista, se fijó en Susana por primera vez cuando ella sobresalió entre un grupo de jovencitas al ser la única que se atrevió a clavar desde una gran altura en una piscina. Ese fue el comienzo de un matrimonio sin fronteras. Con sus hijos pequeños viajaron y acamparon durante seis semanas desde Escocia hasta Beirut, donde Jaime empezó a enseñar. Tres años después, cuando se instalaron en su casa en Medio Oriente, surgió una oportunidad inesperada de enseñar en Nigeria. Aunque sus hijos se resistían a una nueva mudanza tan pronto, Susana preguntó: "¿Por qué no?". Y lo hicieron.

Les preguntamos cómo habían manejado sus diferencias, y ellos pudieron recordar solo una discusión acalorada. Jaime estaba enseñando en la universidad estadounidense de El Cairo y comía su almuerzo con un grupo de personas, en su mayoría musulmanes. Por cortesía, él decidió ayunar con ellos durante Ramadán, y Susana estaba completamente en desacuerdo. Reconoció estar enojada con él.

"¿Cuánto tiempo estuviste enojada?", preguntamos.

"¡Todo el mes de Ramadán!".

Pero a pesar de los desafíos de traspasar fronteras y culturas, Susana y Jaime no lo cambiarían por nada. "Sin aventura, la vida sería aburrida —dice Susana—. Es la chispa de la vida".

DIOS TIENE MUCHO MÁS PARA NOSOTROS

A pesar de todo, no todas las parejas están preparadas, o son capaces, de viajar a Brasil o mudarse a un apartamento en un edificio urbano. Para cada pareja será diferente la forma de compartir un propósito y un espíritu aventurero, según las personalidades y las realidades de la salud y las finanzas.

Una pareja accedió a cuidar las mascotas de su hija casada durante una temporada: el perro, el pez, y los pájaros. Reconocieron que la experiencia revivió su hogar. "Acabó con la rutina y nos obligó a cuidar a otras criaturas. Uno puede empecinarse en las pequeñas rutinas y la casa ordenada de las parejas con el nido vacío. Ninguno de nosotros es dado a tomar riesgos, y ya lo hemos aceptado, pero siempre estamos pensando en dónde está nuestra aventura. Me gusta venir a casa y escuchar el chirrido de los loros, encontrar los juguetes del perro esparcidos por el suelo, y el pez dando círculos diciéndome que tiene hambre. Creo que nos hace bien".

Esta misma pareja cambió hace poco a una congregación anglicana. Ellos dicen que les hacía falta la aventura de un ambiente más joven, amplio y litúrgico. "La adoración es muy alegre, muy creativa, y al mismo

Cada cual es responsable de vivir con un espíritu aventurero.

tiempo antigua y solemne. Nos gusta la predicación tan relevante y basada en la Biblia. Podemos ver cómo el otro crece espiritualmente. Antes solíamos pelear de camino a la iglesia. Ahora nos acostamos la noche del sábado emocionados por la adoración del día siguiente. Hablamos acerca de cómo contribuir. Se siente como algo nuevo y emocionante. Creemos que Dios tiene mucho más para nosotros".

PONERSE EN LA ONDA

Un esposo dijo: "Veo años pasados que trascurrieron a toda velocidad: presiones laborales, niños en la escuela y montones de actividades, ocupados al máximo y preguntándonos qué venía después. Sí, fue una aventura, y ahora todo es diferente. Con todo, en cierto sentido es lo mismo, siempre un nuevo día con decisiones qué tomar y personas para amar. Eso es cierto aun si mi salud falla y quedo paralizado".

Jerry y Shirley Rose en su libro *Significant Living* [Vivir con sentido] nos desafía conforme envejecemos a "no retroceder frente a nuevas aventuras cuando podemos confiar en Dios tanto como lo hemos hecho en el pasado". Para ilustrar esto, ellos usan su experiencia de rafting en ríos caudalosos. "El río —escriben— era una aventura con momentos críticos y un paisaje verdaderamente majestuoso". Tenían que someterse al impulso del río, sabiendo que no se perderían y que experimentarían aventuras en su curso. Refiriéndose específicamente a la segunda mitad de la vida, concluyeron: "Podemos experimentar más emociones, llevar más fruto, y vivir con más propósito cuando nos sumergimos y nos dejamos llevar por el río de Dios".[2]

CÓMO CONSTRUIR UN MATRIMONIO AVENTURERO

Una aventura no significa que tienes que hacer algo drástico como vivir en un bote. La aventura puede ser probar un nuevo restaurante, ir a un partido de fútbol para ver jugar el nieto de un amigo. Luego, el lunes, enviarle una nota para decirle cuánto disfrutaron el juego. La aventura también puede ser un ministerio.

No toda aventura es una experiencia compartida. Cada cual es responsable de vivir con un espíritu aventurero. Yo (Gary) soy una persona que funciona bien en la mañana. Me gusta pasar una hora en la parte boscosa detrás de nuestra casa cortando plantas de kudzu (si no vives en el suroeste de los Estados Unidos no sabes lo que es). Es una enredadera grande y frondosa que crece rápidamente e invade y, al final, mata los árboles. Entonces pensarás que soy un aficionado a los árboles. Cuando corto la enredadera a nivel del suelo, muere y cae del árbol. Me encanta la aventura que experimento cuando trabajo en el bosque. Mi esposa Karolyn es una persona que funciona mejor en la noche.

---

2. Jerry y Shirley Rose, *Significant Living* (New Kensington, PA: Whitaker House, 2000), p. 15.

Ella nunca se aventuraría a meterse en el bosque conmigo temprano en la mañana, aun si fuera una persona matutina. Le aterran las serpientes, las garrapatas y la hiedra venenosa. No obstante, disfruta escuchar acerca de mis aventuras cuando le cuento acerca de lo que vi y escuché en el bosque.

Por otro lado, a Karolyn le encanta la música sinfónica. Yo quisiera realmente escuchar los sonidos y distinguir los instrumentos al igual que ella, pero no soy músico, y mi mente no está programada para escuchar todos los sonidos distintivos. Para ella, escuchar una sinfonía es una aventura. Cuando regresa de un concierto con alguna de sus amigas cercanas, disfruto escucharla hablar acerca de su experiencia. Mi alegría consiste en contemplar en ella el espíritu aventurero manifiesto en su corazón y en su mirada.

Una de las claves para tener matrimonios aventureros es brindarnos mutuamente la libertad de desarrollar un espíritu aventurero de diversas maneras.

SUGERENCIAS PARA INCENTIVAR LA AVENTURA EN TU MATRIMONIO

1. Tomar juntos una clase de cerámica.
2. Animar a tu cónyuge creativo a tomar clases de arte.
3. Visitar la ciudad de origen de cada uno. Muéstrale a tu pareja el lugar donde naciste, tu escuela, iglesia, etc. Hagan el viaje aún más interesante llevando consigo a los nietos.
4. Sirvan como voluntarios en el comedor comunitario local.
5. Vuelvan a visitar el lugar de su luna de miel.
6. Ofrézcanse como voluntarios en un viaje misionero en su país o en el extranjero.
7. Una vez al año, visiten una iglesia diferente en tu ciudad.
8. Tomen un viaje en tren a algún destino.

9. Vayan a su escuela secundaria o reunión de compañeros de la universidad.
10. En junio, vayan de compras navideñas.

Te animamos a hacer tu propia lista de cosas que les gustaría hacer, individualmente o como pareja.

2

El punto medio: la danza de las diferencias

Antes de que Bernardo se casara, soñaba con lo maravilloso que sería levantarse cada mañana y desayunar con su esposa Jennifer. Después de casarse, descubrió que Jennifer no tenía la misma idea sobre las mañanas. Él soñaba con caminatas y pasar la noche acampando, pero descubrió que el hotel Hilton era la idea de ella de pasar una noche de campamento. Él creía en el ahorro. De hecho, él pagó en efectivo el anillo de compromiso (algo pequeño y discreto). La filosofía de ella era: "Compra hoy porque mañana podrías caer enfermo". Bernardo creía que existía una respuesta racional para todo. "Reflexionemos acerca de eso" era su afirmación favorita. La respuesta de Jennifer era: "Estoy cansada de pensar. ¿Por qué no hacemos lo que queremos sin pensarlo?".

Lo más posible es que ustedes también observen esta clase de diferencias al mirar en retrospectiva los años que llevan juntos. Una de las lecciones más importantes que podemos aprender en el matrimonio es esta verdad: tu pareja no es igual a ti. Aun si los dos son extremadamente parecidos, también son extremadamente diferentes.

"Mi esposo y yo crecimos en la misma ciudad, apenas a unos

3 kilómetros de distancia. Fuimos a la misma escuela secundaria. Asistimos a la misma iglesia. Era una iglesia grande, de modo que no nos conocimos. No somos muy diferentes en términos étnicos, ambos somos de trato fácil, y tenemos gustos más o menos similares. Siempre hemos sido muy compatibles. Un profesor mayor al que conocimos en nuestros primeros años juntos dijo que éramos 'el uno para el otro'. Pero con el paso de los años me di cuenta de lo diferentes que éramos en algunos aspectos críticos que no eran tan evidentes. Por ejemplo, yo soy más intuitiva, y sueño con el futuro. Él es más inmediato y vive más el momento. Entender esto ha sido un elemento determinante en nuestros treinta años de matrimonio, pero tomó tiempo".

Sea que estés de acuerdo o no con la analogía de Marte y Venus, según la cual las mujeres y los hombres son de planetas diferentes, o si piensas que esas ideas son exageradas, existen variables que garantizan que habrá diferencias en cada matrimonio.

Además de la dinámica masculina/femenina, incluso dos introvertidos o dos extrovertidos que han sido criados en hogares similares encuentran diferencias que se han desarrollado a partir de: una crianza con o sin hermanos, el temperamento, y los lenguajes del amor. La lista no tiene fin.

Todas esas diferencias pueden ser motivo de celebración, o al menos ser aceptadas, o pueden ser como una piedra en el zapato.

En mi libro *El matrimonio que siempre ha deseado*, yo (Gary) escribí acerca de Jasón, quien me contó acerca de su matrimonio que terminó en divorcio. Él ahora se da cuenta de que destruyó su propio matrimonio: "Permití que mis emociones controlaran mi vida. Dado que éramos tan diferentes, Susana hacía muchas cosas que me molestaban. Parecía que cada día yo le expresaba cuánto me ofendía, decepcionaba, frustraba y enojaba. Todo resultaba ser una condenación para ella. Yo intentaba ser sincero, pero ahora me doy cuenta de que es imposible dejar que toda esa agua sucia circule por el matrimonio y esperar que crezca un jardín". Jasón tiene razón. Puede que no sea fácil ajustarse a las diferencias y danzar con alguien que gira en la dirección opuesta, pero es posible. Las parejas con las que hablamos aprendieron a hacer ajustes y comunicarse aprecio y amor. Una pareja con grandes diferencias de personalidad nos contó lo siguiente:

"Cuando recién nos casamos, nos gustaba la frase: 'No se trata de encontrar a la persona correcta sino de *ser* la persona correcta'. Sin embargo, en los primeros años no nos dábamos cuenta de lo diferentes que éramos. Aprendimos constantemente sobre el otro. Con el tiempo descubrimos que, en lugar de tratar de cambiar al otro, era mejor movernos hacia un punto medio".

"ELLA SABE QUE NO PUEDO EVITAR SER COMO SOY"

Otra pareja dijo: "Se trata de aceptar al otro tal como es". Un esposo nos dio el siguiente ejemplo:

"Mi esposa se siente revitalizada en ambientes sociales. No es muy aficionada a los juegos, pero cuando las personas juegan a adivinanzas con mímica y empiezan a reír y gritar, ella está en su elemento. Sin embargo, yo me aguanto las reuniones sociales. Soy una persona de pocas relaciones, y juegos como adivinanzas me hacen sentir tonto. Soy bastante inteligente, pero no pienso con rapidez. Hace poco estábamos en una fiesta, y todos tenían que participar. Yo traté de integrarme al ambiente y la risa con todos los demás, pero me sentía tonto. Cuando llegó mi turno, decidí pasar. Esto es lo que quiero decir: aunque mi esposa me instó una vez con un susurro diciendo: 'Anímate', lo hizo con un toque de humor y nunca lo mencionó de camino a casa ni después. Años atrás habíamos tenido una lamentable discusión acerca de cómo yo podía arruinar una buena noche, pero ella sabe que yo no puedo evitar ser como soy. He aprendido a disfrutar el hecho de que ella pase un rato agradable, aunque yo no".

El primer paso hacia la armonía puede ser la disposición a respetar la personalidad y los intereses de tu pareja.

APRENDE LOS 5 LENGUAJES DEL AMOR

El tiempo, sin embargo, no basta para subsanar todas las diferencias. Por eso mi oficina de consejería (Gary) ha atendido constantemente, a lo largo de los años, a muchas parejas. Algunas diferencias, como sucede en el caso de Jasón y su esposa, son profundas y dolorosas. Puede que otras diferencias no sean tan profundas, pero causan un sufrimiento real en el matrimonio. He descubierto que entender el lenguaje principal del amor de cada uno, y proponerse hablarlo con frecuencia, crea una atmósfera emocional positiva en la cual podemos evaluar nuestras diferencias, y aprender cómo convertirlas en ganancia y no en desventaja.

Permíteme resumir brevemente los cinco lenguajes del amor.

1. *Palabras de afirmación.* Usar palabras para afirmar a tu pareja. "Te luce ese vestido". "Agradezco lo que hiciste por mí". "Algo que realmente me gusta de ti es…".

2. *Actos de servicio.* Hacer cosas por tu pareja que sabes que él o ella apreciaría: ayudar a cocinar, lavar los platos, aspirar el piso, podar el césped, lavar el auto, limpiar el garaje, etc. Si este es el lenguaje del amor de tu cónyuge, "las acciones dicen más que las palabras".

3. *Regalos.* Es una costumbre universal dar regalos como una expresión de amor. Un regalo dice: "Él estaba pensando en mí" o "Miren lo que ella me compró".

4. *Tiempo de calidad.* Brindar a tu cónyuge toda tu atención sin distracciones. No estoy hablando de sentarse en el sofá a ver televisión, porque algo más tiene tu atención.

Estoy hablando de sentarse juntos con el televisor apagado, mirándose, hablando y escuchando. O caminando juntos mientras conversan.

5. *Contacto físico.* Tomarse de la mano, abrazarse, besarse, la interacción sexual, el brazo sobre el hombro mientras le sirves una taza de café, poner tu mano en el cuello de tu cónyuge mientras conduces el auto.

El concepto fundamental es que cada uno de nosotros se comunica más con uno de los cinco lenguajes. Hay uno que emocionalmente nos habla más profundo que los otros cuatro. Cada individuo creció hablando un idioma con un dialecto, y es el que mejor entendemos. Lo mismo sucede con los lenguajes del amor. Si hablas tu propio lenguaje del amor y no el de tu cónyuge, no va a tener el mismo significado para tu pareja que para ti. Muchas parejas se han distanciado emocionalmente durante años porque no han aprendido a hablar el lenguaje principal del amor de su pareja.

Si este concepto es nuevo para ti, tal vez quieras buscar en línea y tomar el cuestionario gratuito que determina el perfil de tu principal lenguaje del amor. Busca en www.5lovelanguages. com (solo en inglés). Cuando hablan a diario el lenguaje del amor de cada uno, crean como pareja una atmósfera positiva en la cual los dos pueden procesar las diferencias mucho más fácilmente.

"A VECES QUERÍA SIMPLEMENTE DEJAR DE EXISTIR"

Los consejeros, por buenas razones, indagan acerca del trasfondo de la "familia de origen" del paciente. Nuestras experiencias de infancia y adolescencia nos afectan profundamente. Sin duda, marcaron la vida de Juan y Sandra.

Sandra se describe a sí misma como alguien que llegó al matrimonio muy protegida, estable, e ingenua. "Viví en casa hasta que me casé. Tenía veinticinco años ¡y a punto de cumplir catorce! No sabía que cuando tienes un bebé, no duermes. Tenía una visión de la vida muy ingenua; pensaba que nada malo podía pasar".

Por su parte, Juan dice: "Yo crecí viviendo al borde de un precipicio. No tenía estabilidad, ni seguridad. Si algo bueno me ocurría, entonces debía esperar algo malo".

> "La gente solía decirnos que todo se pone mejor después de los cincuenta. ¿En serio?".

Con los años, criando tres hijos varones, tuvieron que hacer muchos ajustes. Por ejemplo, Sandra buscaba "nutrirse" en un estudio bíblico, mientras que Juan preguntaba sin cesar: "¿Por qué? ¿Por qué? ¿Por qué?". La forma de Juan de manejar el estrés era correr, y recién casados acordaron que él sería el entrenador de Sandra. Eso duró muy poco.

Fue cuando sus hijos empezaron a abandonar el nido y a casarse que enfrentaron los mayores ajustes. Después de décadas de trabajo estable, Juan perdió su empleo.

"La gente solía decirnos que todo se pone mejor después de los cincuenta. —dice Juan—. ¿En serio? Lo que sucedió no lo esperábamos".

Sandra estaba sorprendida por su propia vulnerabilidad. "Cuando sucede algo injusto, ¿a dónde vas si no puedes aguantar más? A veces quería simplemente dejar de existir. Fue muy difícil. Las personas que no han padecido no se dan cuenta de que nadie se escapa de esto. Para mí, habiendo crecido tan protegida, fue un golpe muy duro. Pero nada sacudía a Juan".

Sandra estaba enojada, mientras que Juan se sentía decepcionado consigo mismo, creyendo que "un hombre debe proveer". Las tensiones aumentaron. "Fue difícil para Juan tratarme". Las diferencias eran gran parte del problema.

Él dice: "A mí me gusta la filosofía de toma y dame". Ella responde: "¡A mí no!".

Juan considera que Sandra es fuerte y apasionada, mientras que ella lo considera a él la voz de la razón. Ella "lo ayuda a equilibrarse" y él "le ayuda a ella a mantener los pies sobre la tierra".

Sandra dice que durante los últimos seis años de conflicto, ella ha sido más sensible a la presencia de Dios en su vida porque ha tenido que buscarle y cambiar su manera de pensar. Años atrás, ella leyó un artículo en la revista *Marriage Partnership* acerca de los matrimonios duraderos y la razón por la cual las parejas permanecían juntas. "Todavía recuerdo la conclusión. Las parejas dijeron: 'Es porque no nos dimos por vencidos'".

Sandra añadió: "Por fin he aprendido, después de todos estos años, esta realidad de la vida: sin importar cuán mala o buena sea una situación, *va a cambiar*".

CASO MODELO DE "LOS OPUESTOS SE ATRAEN"

De vez en cuando, te encuentras con una pareja que son verdaderos opuestos. Es el caso de Andrés y Fanny. Ella es alta, activa, siempre está sonriente, y es pelirroja. Andrés tiene la apariencia de un profesor serio, con barba gris y, rara vez, un brillo en sus ojos. Ambos imparten seminarios a estudiantes universitarios, y se divierten revelando sus diferencias.

Andrés, con su mirada desconcertante, empieza con un breve monólogo:

Fanny y yo somos el retrato de los opuestos que se atraen. Ella es una mujer extrovertida. Yo soy introvertido.

Fanny se preocupa profundamente por el mundo.
Yo nada más pienso acerca del mundo.

Fanny piensa que cada persona que conoce es fascinante e interesante.
Yo pienso que el diccionario es fascinante e interesante.

Fanny es una gran conversadora que puede hacer hablar un poste.
Yo soy el poste.

La última frase hace reír a todos, porque han experimentado el dinamismo y la calidez de Fanny. Y cuando los estudiantes se enteran de que han estado casados casi cuarenta años, se asombran, y sin excepción las jovencitas aplauden con emoción. Las mujeres jóvenes conocen muy bien acerca de matrimonios que han fallado, y tienen esperanzas muy personales de que, a pesar de todo, las parejas pueden permanecer juntas e incluso disfrutarlo.

Andrés y Fanny les dicen a los estudiantes que está bien sentirse atraído por una persona con una personalidad diferente. Lo que es crucial es tener valores comunes.

Aun así, las diferencias pueden generar problemas que dañan al matrimonio y requieren un "manejo especial". Andrés calcula que les tomó alrededor de veinte años negociar con eficacia los desacuerdos. "Cuando las cosas se ponen tensas entre nosotros, Fanny quiere arreglarlas de inmediato. Pero yo necesito espacio y tiempo para calmarme. No quiero reaccionar con ira".

¿Cómo lograron entenderse? "Sucedieron dos cosas —dice Andrés—. Ella se dio cuenta de que, al final, yo regresaba y lo arreglábamos; y yo aprendí, con el tiempo, a regresar más rápido".

Fanny añadió: "Aprendí que él realmente tenía miedo de lo que podía decir en ese momento".

"Hemos tenido nuestras discusiones fuertes —dice Andrés—, pero nunca nos hemos insultado".

Procesar las diferencias entre los cónyuges es esencial, pero también lo es afirmar lo que tienen en común. Por ejemplo, aunque Andrés y Fanny son opuestos en muchos sentidos, ambos son "personas eficientes" que se esfuerzan por llevar a cabo lo que se proponen.

Les preguntamos si sus cuatro hijos comentaban acerca de las diferencias entre ellos, y Andrés dijo de inmediato: "Mi apodo es Eeyore. Siempre me llaman así".

El contraste parece adecuado: la vivaz Fanny contrastada con el melancólico Eeyore. Sin embargo, la sonrisa dispuesta y el gracioso ingenio de Andrés lo hacen mucho más complejo que el personaje de Winnie-the-Pooh.

Su hija una vez dijo: "Papá es el hombre más mesurado que he conocido. Nunca dice algo sin haberlo pensado antes".

Somos obras originales creadas por Dios. Él nos hizo únicos para que pudiéramos complementarnos mutuamente.

Esa característica ayuda a un cónyuge a evitar conflictos, pero también puede crearlos con una pareja de personalidad espontánea. Por esa razón, ellos determinaron formar una cultura familiar que incluyera la sinceridad. Fanny es de aquellas pocas personas a las que les gusta que bromeen con ella. Sonrió cuando Andrés nos contó acerca de cómo encontró una definición "perfecta" de su nombre: "Fanny, feliz, pero no coordinada". "¡Soy negada!", admite Fanny.

¿Cuál es la lección de esta historia? Ya sea que una pareja sea totalmente opuesta, como Andrés y Fanny, o simplemente diferente, como Juan y Sandra, las diferencias pueden erosionar un matrimonio, o ayudarlo a crecer. Un poco de risa, un poco de esfuerzo y comprensión de cómo "el otro" quiere ser amado, y una gran medida de aceptación son de gran ayuda.

UNIDAD, NO UNIFORMIDAD

Aunque las diferencias pueden ser mortales, también pueden ser encantadoras. Yo (Gary) mencioné antes que mi esposa no es una persona matutina. Sin embargo, hace poco encontré a mi esposa en la cocina a las 7 de la mañana. Esto no había sucedido desde que nuestro último hijo se había ido a la universidad. Primero, me tropecé con la puerta de la alacena que ella había dejado abierta, y luego me golpeé el codo con la puerta del microondas que también había dejado abierta. Me di vuelta para tomar un cuchillo y partir mi toronja, y al hacerlo, casi la hago caer. Me disculpé y entonces dije, con toda sinceridad, "sabes, querida, realmente me alegra que no seas una persona matutina".

De repente me di cuenta de cómo mi actitud había cambiado desde los primeros días cuando resentía que ella no se levantara cada mañana de un salto de la cama como yo. Me di cuenta de cómo disfrutaba desayunar con Dios (Él siempre está despierto). Disfruto el hecho de poder predecir cuáles puertas de la alacena estarán abiertas porque soy yo quien las abre, y que los únicos cajones abiertos sean los que yo abro. No solo había llegado a aceptar nuestras diferencias, sino que en realidad me agradaban.

Las diferencias tienen su origen en el hecho de que somos criaturas de Dios. Dios es infinitamente creativo. No existen dos criaturas iguales. Somos obras originales creadas por Dios. Las Escrituras dicen que en el matrimonio dos se vuelven uno. Pero esa unidad no significa uniformidad. Dios no planeó que fuéramos iguales. Las diferencias existen para que podamos complementarnos mutuamente, y fortalecer nuestra eficacia en el servicio a Cristo.

Por desdicha, en el mundo real del matrimonio, las diferencias han arrastrado con frecuencia a las parejas a situaciones desespera-das. Sin duda esto no fue lo que Dios planeó. Las diferencias son parte del plan de Dios. La clave es hacer de nuestras diferencias una ventaja en vez de una desventaja, usarlas para nuestro provecho y no en nuestra contra.

Les sugerimos enumerar las diferencias que han descubierto en cada uno con los años. Luego, plantéense las siguientes preguntas:

1. ¿Cuáles diferencias todavía causan división en nuestra relación?
2. ¿Cuáles diferencias hemos llegado a aceptar en el otro?
3. ¿Cuáles diferencias hemos llegado a considerar verdade-ramente como una ventaja?
4. ¿Qué pasos podemos dar para ayudar a que nuestras dife-rencias sean una fuente de alegría?

Usen la siguiente lista de diferencias de personalidad para elaborar mejor su propia lista de diferencias[3].

1. Mar Muerto Almacena los pensamientos y sentimientos. Habla poco.	**Arroyo hablador** Todo lo comenta. Cualquier cosa que escucha ve, o piensa, lo comenta.
2. Mirlo Se levanta temprano, alerta y cantando. "Al que madruga Dios le ayuda".	**Búho** Despierto en la noche pero, al llegar la mañana, el aviso de "no molestar" está en la puerta.

3. Gary Chapman, *Now You're Speaking My Language* (Nashville: B&H Books, 2007), p. 141.

3. Agresivo "Manos a la obra". "Hagámoslo realidad". "Aprovecha el día".	**Pasivo** "Esperemos hasta que suceda". "Todo le llega al que sabe esperar".
4. Pulcro Su lema es: "Un lugar para cada cosa y cada cosa en su lugar".	**Desordenado** Su pregunta más frecuente es: "¿Dónde está?".
5. Planificador Planea con anticipación. Presta atención a cada detalle.	**Improvisador** "No desperdicies tu tiempo planificando. Puliremos los detalles conforme avanzamos".
6. Mariposa Revolotea de un evento a otro. La vida es una fiesta.	**Mapache** "¿Nos podemos quedar en casa esta noche? Estoy cansado".
7. Profesor "Seamos lógicos". "Pensemos al respecto".	**Bailarín** "No sé por qué. Solo improviso". "¿Por qué tengo que tener una razón?".
8. Primera clase "Sólo cuesta $5 más para ir en primera clase. Nos lo merecemos".	**Clase económica** "Podemos ahorrar un montón de dinero, y la clase económica es lo bastante agradable".
9. Lector "¿Por qué desperdicia la gente viendo televisión cuando hay tantos libros buenos para leer?".	**Adicto a la televisión** "Es mi manera de relajarme". "No me gusta leer". "Además, no veo tanta televisión".

10. Amante de las sinfonías "¡Bravo, bravo!". "¿No te encanta esa Opus #12 en La Menor?".	**Consagrado al Bluegrass** "Eso sí es música de verdad; cuenta una historia". "Escucha ese banjo".
11. El atleta El ejercicio aeróbico: correr. "Mi meta es la maratón. Llueva o haga sol, allí estaré".	**El caminante** "No quiero dañar mis rodillas corriendo. Quiero disfrutar el paisaje mientras camino".
12. El surfista de canales "¿Para qué gastar tiempo viendo propagandas? Puedo ver tres programas al mismo tiempo si los salto".	**El espectador de propagandas** "¿No podemos disfrutar un programa en vez de ver apartes de tres? Además, podemos hablar durante las propagandas".

43

3

Hijos en crisis

Una pareja a la que entrevistamos nos contó la siguiente broma:

Un día un abogado se sorprendió por la visita de una pareja en sus noventas. Él les preguntó por qué habían venido.
—Venimos para divorciarnos.
Perplejo, el abogado se rascó la cabeza.
—Pero, ¿por qué quieren divorciarse a su edad? —preguntó—. ¿Por qué ahora?
La pareja se miró, sonrió y luego respondió:
—Bueno, nada más hemos estado esperando hasta que nuestros hijos murieran.

Nos reímos al escuchar esto. ¿Por qué nos pareció gracioso? ¡Tal vez porque es cierto! Sin importar cuán viejos fueran ellos, o seamos nosotros, nunca dejamos de sentirnos responsables por nuestros hijos adultos. Nunca dejamos de dolernos por ellos y con ellos.

Ciertamente no todo es crisis y agitación con nuestros hijos adultos. Para muchos de nosotros, la relación con nuestros hijos adultos es muy satisfactoria. Ya han quedado atrás los años de lucha de la adolescencia. La mayoría de nosotros no tenemos que preocuparnos por llenar formularios de ayuda estatal financiera estudiantil. Nada se compara con la dicha de ver a nuestros hijos triunfar en sus carreras, felices con la pareja correcta, crecer en el Señor, funcionando bien en el mundo, y quizá viviendo al lado, como la familia de *Mi gran boda griega*.

Pero no siempre resulta así.

Nuestra esposa dijo que la mayor fuente de ansiedad son sus hijos adultos, y nos contó que su hija la llamaba cuando peleaba con su esposo. "Ella me cuenta todo lo que él dice para herirla, y yo también me enojo. Es difícil dormir. ¡Pero cuando los veo después, se han reconciliado y están bien!".

Las madres nunca dejan de preocuparse. Julia, madre de cuatro hijos adultos, dijo: "Quiero verlos felices". Ella se preocupa especialmente por su hijo en sus treinta que es infeliz en su trabajo y es incapaz de encontrar su lugar en la vida. "Está realmente paralizado", dijo ella. También se preocupa por su hija soltera de treinta y dos años. "Pienso en aquello del reloj biológico…".

"NO SABÍAMOS SI LOGRARÍAMOS SUPERARLO"

David y Pamela vivían buenos tiempos en su matrimonio. Atrás habían quedado las luchas para adaptarse a diferentes estilos de crianza y sus tres grandes mudanzas. Pero un diagnóstico inesperado agitó sus tranquilas aguas. Uno de sus hijos casados, que tenía una hija, supo que perdería la vista. Era un atleta y un ciclista de fondo, y se sintió desconsolado con el prospecto. Parecía imposible aceptar una noticia semejante.

David describe ese tiempo como "una etapa de profundo sufrimiento. Sentía que nada podía hacer. Me sentía incapaz, pero con deseos de hacer algo. Me sentía inútil, impedido, y eso me enojaba".

Pamela dijo: "Aunque comía, perdí mucho peso. Ver a David tan afligido me hizo sentir que nada volvería a ser igual. Era incapaz de hablar al respecto".

David agregó: "Nos sentimos derrotados. Durante uno o dos años, Pamela y yo nos sentimos completamente agobiados. No sabíamos si íbamos a superarlo".

"¿Qué les ayudó?", preguntamos.

> **Nada se compara con la dicha de ver a nuestros hijos triunfar... pero no siempre resulta así.**

"El tiempo —dijo Pamela—. Simplemente esperar y seguir".

David recordó un momento decisivo cuando su hijo sintió el coraje para enfrentar la pérdida de la visión. "Su valentía nos llevó a aceptar esa nueva situación que se imponía como normal".

Hizo una pausa. "Al mismo tiempo, hay momentos en los que dices: 'Esto es terrible. Nuestro hijo no puede ver a su hija'".

Su hijo todavía lucha con su ceguera. A pesar de su limitación, hace poco terminó un viaje de más de 100 kilómetros en bicicleta con un compañero, y sigue asumiendo todas las responsabilidades que puede.

La crisis ha estrechado los lazos entre David y Pamela. Hace poco su hija comentó: "Ustedes dos están mejor ahora juntos que nunca antes".

"Así lo sentimos —dijo Pamela—. Durante gran parte de nuestro matrimonio, David estaba bajo la presión del trabajo. Hubo momentos en los que pensé: 'Yo podría hacer esto mejor por mi cuenta'. Pero ahora pasamos por un buen momento".

"El matrimonio es un viaje largo —dijo David—. Es un sacramento que no debe tomarse a la ligera. Hay gozo en mirar en retrospectiva. Hay una razón por la que es un compromiso a largo plazo".

"POR MUCHO TIEMPO SUPIMOS QUE LA RUPTURA VENDRÍA"

Pocas crisis sacuden el mundo de los padres como las luchas matrimoniales de sus hijos. Conocemos las escalofriantes estadísticas. Muchos de nosotros tienen un hermano o una hermana que se ha divorciado y se ha vuelto a casar. Pero nuestros hijos, esa es otra historia. Una mujer relató: "Cuando nuestra hija y su esposo empezaron a tener problemas, una de las cosas que realmente me agobiaba era la idea de que nuestro ejemplo de matrimonio saludable hubiera fallado. Veíamos que otras parejas conocidas tenían hijos adultos que seguían el modelo, se casaban jóvenes y tenían hijos. Eso fue duro".

Pedimos a varias parejas que han visto a sus hijos divorciarse que nos contaran sus experiencias y reflexiones. He aquí algunas:

***Hace unos años ambos afrontamos graves problemas de salud, y decidimos mudarnos al otro lado del país para estar cerca de la familia de mi hija, cuando terminamos en un hogar para ancianos. No teníamos idea de que su esposo fuera alcohólico, y durante un tiempo ella tampoco lo supo. Pero todos esos viajes de cacería incluían alcohol hasta el punto que, en sus días de descanso, nuestros nietos vieron a su padre ebrio. Nuestra hija no pidió consejo para divorciarse de él, pero nosotros entendimos que no tenía muchas opciones.*

Nosotros, después de cinco años de buen cuidado médico y de ayudarnos mutuamente a permanecer activos físicamente, todavía somos capaces de ayudar con los niños y acompañarlos en sus eventos deportivos y escolares. Nos entristece mucho el divorcio, pero nos decimos que si no hubiera existido ese matrimonio, no tendríamos estos nietos a los que tanto amamos. Nos duele que su padre se pierda todo lo maravilloso que ellos hacen, pero nos sentimos privilegiados de animarlos y apoyarlos.

****Siempre tuvimos una buena relación con nuestro hijo y con nuestra hija, y amamos mucho a sus respectivas parejas. Todavía los amamos, y entendemos las razones de sus divorcios. Pero es muy duro. Nunca pensamos que esto pasaría, pero procuramos fijarnos en motivos para estar agradecidos. A pesar de sus dificultades, los cuatro padres de ellos están comprometidos con sus hijos, y tienen una buena relación. Pasamos mucho tiempo con todos ellos, amándolos y ayudándolos, invirtiendo en nuestros hijos, sus exesposos, y nuestros nietos.*

****Por mucho tiempo supimos que la ruptura vendría. En cierto sentido es mejor que ahora funcionen cada uno por su lado. Estamos decididos a no permitir que esto sea una sombra sobre nosotros sino a permanecer fuertes y saludables. Si lo logramos, podemos ser abuelos estables y amorosos para todos. Seguimos trabajando en nuestro matrimonio para mantenerlo vivo, superar los aspectos negativos y abrazar lo positivo en nuestra vida actual.*

"YA NO TIENES QUE CRIARME"

Justo cuando estamos enfrentando grandes transiciones en nuestra propia vida, luchando con un problema de salud, un cambio en el trabajo o simplemente la falta de energía, aparecen los problemas de nuestros hijos. Una pareja respondió una llamada en medio de la noche, de un hijo que se había puesto a pelear con un compañero de cuarto; la policía tuvo que intervenir y sus amigos estaban en su contra. Les tomó un buen rato volver a dormir, y el día siguiente fue difícil y frustrante, mientras intentaban ayudar en la distancia y se preguntaban si sus respuestas eran sabias.

La cultura en la que vivimos no ayuda. Hemos oído todas las estadísticas de la generación del milenio que se aleja de la fe. Los cambios en las costumbres morales inquietan aún a los que venimos de una era de "amor libre". Pero los choques de Gregorio y Laura con su hija Sara eran más intensos que la mayoría.

Laura y Gregorio eran una historia de amor de la infancia, y habían crecido como hijos de misioneros. "Crecimos con límites, que considerábamos como una protección para nosotros, no una limitación. Pero Sara los veía como un castigo. En la secundaria fue bombardeada en la Internet por toda la influencia secular estadounidense. A sus amigos no les parecía malo llamar a la 1 o enviar mensajes de texto a las 3 de la madrugada. Nosotros teníamos un dicho: 'Nada bueno pasa después de la media noche'. Obviamente hay excepciones, pero nosotros insistíamos en que desechar los límites constituye una invitación al desastre".

Sara veía las cosas diferentes. A los catorce años, ella les dijo: "Ustedes han hecho una gran labor como padres, pero ya no tienen que criarme. No necesito que monitoreen mi uso de la Internet, ni que me digan lo que no puedo vestir, ni tienen que saber dónde estoy todo el tiempo, ni preocuparse por los amigos que escojo".

Gregorio respondió: "Bueno, Sara, eso es genial. ¿Dónde vas a vivir?".

La respuesta de ella fue: "Por ley ustedes tienen que cuidarme hasta que cumpla dieciocho años. Simplemente ya no tienen que decirme qué hacer".

Gregorio y Laura sabían que necesitaban consejo y encontraron la ayuda pertinente. Sara participó en la consejería desde el grado décimo hasta el primer año de universidad. Refiriéndose a su consejero, Laura dice: "Carol salvó nuestra familia". Aun así, Sara sigue tomando sus propias decisiones, cruzando límites, a veces reviviendo la esperanza de sus padres, pero la mayoría de las veces haciéndola añicos.

Irónicamente, cuando ellos tenían grandes esperanzas tras terminar una relación perjudicial y haber reafirmado su fe, Sara volvió al fin a buscarlos en llanto. Ella dijo que tal vez estaba embarazada después de una desafortunada noche en la que consumió alcohol.

El día en que recibieron la confirmación de su embarazo lloraron juntos, oraron y leyeron muchos pasajes de las Escrituras, entre ellos Isaías 30:18: "Así que el Señor esperará a que ustedes acudan a él para mostrarles su amor y su compasión. Pues el Señor es un Dios fiel. Benditos son los que esperan su ayuda" (NTV). Ellos se consolaron y animaron con el Salmo 143:8: "Hazme oír cada mañana acerca de tu amor inagotable, porque en ti confío. Muéstrame por donde debo andar, porque a ti me entrego" (NTV).

Laura y Gregorio se encontraron en una situación delicada. Sara no quería que ellos le contaran a nadie. Cuando tenía ya tres meses, ellos le dijeron que esta era su historia personal pero también la de ellos, y que querían contarla a sus amigos más cercanos. Sara accedió a regañadientes, y siguieron adelante.

Gregorio nos dijo: "Nunca vas a conocer personas más opuestas que Laura y yo". Mientras Laura era una persona con una "extraordinaria capacidad para escuchar, y la voz compasiva de la razón", Gregorio era "racional, pero a veces demasiado directo", por lo que pasaban muchas horas discutiendo. "Había tanto por resolver y entender, que nos dimos el uno al otro la libertad para dolernos, llorar, y reflexionar. Oramos juntos, y con Sara".

Ellos comprendieron desde el principio que la decisión de quedarse con el bebé o entregarlo en adopción tenía que ser de su hija. "Ella nunca consultó nuestra opinión, y nunca se la dimos. De lo contrario, hubiera podido sentirse tentada, cinco años después, a decir: 'Esa no fue realmente mi decisión'. Ella tenía que asumir esa responsabilidad".

También quisieron ser sabios acerca de cómo recibir los gestos de simpatía de sus hermanos y hermanas de la iglesia. Lo que sucedió después fue una historia de redención que superó todas sus expectativas.

Sara se reunió con dos pastores de su iglesia. Esto condujo a una reunión entre la familia y los amigos de la iglesia. Después de que Sara contara acerca de su situación, y del necesario silencio, el primero en hablar fue un profesor universitario. Hablando de sus propias fallas, dijo: "Yo he fallado tanto como tú". Uno tras otro, quienes habían asistido confesaron sus propias faltas y hablaron acerca de la misericordia, la gracia y el amor de Dios. Cuando terminaron de hablar, invitaron a Sara a sentarse en una silla, le impusieron manos y oraron por ella. Gregorio lloró. Laura recuerda aquel momento como "un regalo maravilloso. Experimentamos la iglesia como un lugar seguro".

Más adelante, Sara se puso de pie ante de toda la congregación para agradecerles su amor, y dijo que estaba en conversaciones con una agencia de adopción. Sin embargo, agregó: "Aunque Dios redima esto, ¿cómo puedo aprender a vivir sin lamentar mis acciones y sus consecuencias? No estoy segura de que sea posible. Buscar el perdón de aquellos a quienes he lastimado exige una humildad que no poseo. Perdonarme a mí misma requiere gracia y misericordia que no me corresponde dar". A pesar de todo, en los meses siguientes Sara aprendió a confiar en Dios, y Él usó esta experiencia para renovar la relación de ella con Él y con sus padres, y regocijar a muchos.

Laura nos contó cuánto veía reflejada su experiencia en el libro de Elisa Morgan *The Beauty of Broken* [La belleza del quebrantamiento]. Mientras nos mostraba una fotografía de su nieto, su sonrisa revelaba cómo veía en su nieto la belleza de la fidelidad de Dios.

¿CÓMO MANEJAR EL DOLOR?

A lo largo de los años, yo (Gary) he llorado con muchas parejas que han recorrido el camino de Gregorio y Laura, que tienen una hija madre soltera, o un hijo soltero que ha dejado a una joven embarazada. A veces han sido los abuelos cuya nieta amada ha vuelto a casa de la universidad en estado de embarazo, o un nieto que confiesa haber fallado en su vida moral. ¿Cómo hacer lo correcto en nuestra situación de padres o abuelos cuando nuestros hijos y nietos han hecho lo incorrecto? Permíteme sugerir lo siguiente:

1. *No te culpes a ti mismo.* El primer pensamiento que viene a la cabeza de muchos padres es "¿Qué hicimos mal?". Es la pregunta lógica, pero no podemos asumir la responsabilidad por las decisiones de nuestros hijos y nietos. Los padres no pueden estar presentes en la vida de sus adolescentes o jóvenes adultos las veinticuatro horas y controlar su comportamiento. Los adolescentes tienen mucha mayor libertad para escoger, y las malas decisiones acarrean consecuencias dañinas.

2. *No le prediques a tu hijo o hija.* Por lo general, ellos ya se sienten culpables. Ellos saben cuándo su comportamiento lastima a sus padres. Ellos son conscientes de que han transgredido el código moral que se les ha enseñado. "¿Por qué hiciste esto?". "¿Cómo pudiste hacernos esto?". "¿Acaso no sabes que nos vuelves pedazos el corazón?". Ese tipo

de declaraciones solo complicarán el problema, y nunca traerán sanidad al alma de tu hijo.

3. *No trate de arreglarlo.* La respuesta natural de muchos padres es tratar de minimizar lo que ha sucedido. Saltan a un modo de "control de daños" y tratan de proteger a su hijo o hija. En mi opinión, este es un paso extremadamente imprudente. El joven debe aprender a aceptar la responsabilidad de las decisiones que ha tomado.

4. *Brinda a tu hijo joven amor incondicional.* Permitirle afrontar las consecuencias de su propio fracaso es en sí mismo un acto de amor. Con ello procuras el bienestar de tu hijo o hija, que es la esencia del amor. Si conoces su lenguaje del amor, este es el momento para hablarlo en voz alta, y de expresar los otros cuatro lenguajes del amor con la mayor frecuencia posible. El fracaso moral de tu hijo produce sentimientos de culpa. Estas emociones lo alejan de ti. Como Adán y Eva trataron de esconderse de la presencia de Dios en el huerto, tu hijo o hija tratará de esconderse de ti.

Daniel y Marina me dijeron que su hijo llegó a casa de la universidad, después de contarles por teléfono que había dejado a una joven embarazada. Ellos lo recibieron en la puerta con los brazos abiertos. Ambos le dieron un abrazo prolongado, con lágrimas, y le dijeron: "Te amamos". Luego se sentaron y escucharon mientras él les confesaba sus faltas y les pedía perdón.

5. *Escucha con empatía.* Empatía significa entrar en los sentimientos de otra persona. Los padres tienen que ponerse en los zapatos del joven y tratar de entender cómo llegó a fallar, así como lo que su hijo o hija siente en ese momento.

6. *Brinda tu apoyo.* Permite que tu hijo sepa que si bien te sientes herido profundamente y no puedes eliminar todas

las consecuencias, quieres que sepa que cuenta contigo y que permanecerás a su lado conforme enfrenta las consecuencias de la falta que ha cometido.

7. *Guía a tu joven o adolescente.* Cuando digo guía, no me refiero a manipulación. Cuando los padres deciden qué debe hacerse, y tratan de convencer a su hijo para que lo haga, es manipulación. Guía es ayudar al joven a reflexionar en la situación y a tomar decisiones sabias como respuesta a las consecuencias de la falta moral. Otra forma como los padres pueden ofrecer guía a un joven es ayudándole a llevar sus pensamientos a conclusiones lógicas formulando preguntas en lugar de hacer afirmaciones. Ser un padre o abuelo responsable es ayudar a tu adolescente o joven a aprender de sus errores. Si estás en la situación de Gregorio y Laura, esperamos que estas sugerencias te resulten útiles.

PROBLEMAS CON ABUSO DE SUSTANCIAS: "GRACIAS POR NO DARSE POR VENCIDOS CONMIGO"

Existen otras malas decisiones que pueden tomar los hijos y los nietos, y que causan un gran sufrimiento a los padres y abuelos. Aquellos cuyos hijos luchan con la adicción soportan una carga abrumadora. Tener un hijo adicto puede ocupar por completo a una pareja durante años. Se encuentran desgarrados en un torbellino que causa estragos en su familia, en sus finanzas, y en sus esperanzas. La traición sistemática de su hijo los obliga a darse cuenta de que la adicción anula cualquier promesa que les hace. Pasan de una crisis a otra, y nada de lo que hacen cambia el hecho de que su hijo vive al borde del precipicio de la muerte.

Cuando hablas con esas parejas, queda pronto en evidencia que este es el gran drama de sus vidas. De manera similar a lo que experimentan los soldados que tienen grabada la angustia de la guerra, estos padres reportan que año tras año descienden al abismo de la desesperanza.

Sin embargo, los padres que entrevistamos no sólo se aferraban a la esperanza a pesar de todo, sino que por medio de la oración y el amor, recursos como Alcohólicos Anónimos y otros, sus hijos lograban contra todo pronóstico vivir en abstinencia de drogas.

Los años previos a este desenlace fueron sombríos. Las crisis llevaban al hijo una y otra vez a terminar en centros de rehabilitación, para recibir tratamientos muy costosos. Los intentos de suicidio casi tuvieron éxito. Las esperanzas se esfumaban una y otra vez, y las oraciones perseverantes parecían no tener efecto.

Con todo, estas parejas permanecieron firmes un su amor y resistencia. Un hijo, ahora felizmente casado y libre de drogas, hace poco dijo a sus padres: "Gracias por no darse por vencidos conmigo".

¿Cómo pudieron no darse por vencidos? Estos son algunos de sus comentarios:

***Estas experiencias pueden acabar con un matrimonio. Sin importar lo que pase, tienes que decidir amar y cuidar de tu cónyuge.*

***Yo tomo con seriedad un sermón que escuché llamado "El Rey tiene una jugada más". Es la historia acerca de un experto en ajedrez que en un museo estudió un cuadro titulado Jaque Mate. Él decidió que tenían que cambiar el título del cuadro o volverlo a pintar, porque el rey tenía una jugada más. El mensaje para nosotros era: "Todavía no es Jaque Mate. Dios tiene al menos una jugada más para nosotros y nuestra familia".*

***Leímos un libro titulado No dejes que tus hijos te maten. No era un libro brillante, pero nos dio un poco de esperanza, y nos conectó con otros padres que tienen hijos drogadictos. Aprendimos que el desapego es una disciplina espiritual.

***Durante este tiempo yo decidí que la segunda mitad de mi vida no la dedicaría a los hijos sino a mi esposa. Necesitaba invertir en ella.

***Yo conocí personas que nos juzgaban, y decían: "No lo entiendo, ustedes parecen excelentes padres". Esto me atormentaba, hasta que lo consulté con un pastor. Él me dijo: "Tu hijo hizo su elección. Piénsalo de esta manera: Adán en el huerto de Edén también hizo su elección, y él tenía el Padre perfecto".

¿CÓMO FIJAMOS LIMITES A NUESTROS HIJOS?

Como padres amamos a nuestros hijos y queremos ayudar, pero ¿qué tanto podemos hacer? ¿Qué tanto debemos hacer? Los padres sabios reconocen que los recursos emocionales, físicos y financieros tienen límites. El problema más común como padres de un hijo adulto es reaccionar de manera exagerada a las crisis en su vida, e involucrarse demasiado. Recuerda que nuestro objetivo en la crianza de los hijos es que logren la independencia. Cuando intervienes demasiado pronto o con demasiada frecuencia, puedes interferir en el proceso de tu hijo de alcanzar la madurez. Tu papel consiste en brindar amor, aceptación, aliento, y guía cuando te lo piden.

Los padres cuyos hijos adultos atraviesan crisis deben mantener el equilibrio entre la preservación y el sacrificio personales. Debemos proteger nuestra propia salud y bienestar al tiempo que intentamos ayudar a nuestros hijos cuando lo necesitan. Tu salud física, emocional y espiritual debe ser nutrida, y tú debes concentrarte en guardar tu matrimonio fuerte.

Con frecuencia, los padres están en desacuerdo acerca de qué deben hacer por sus hijos adultos o cómo deben ayudarlos. Mi consejo es, si no pueden resolver los conflictos relacionados con sus hijos adultos, busquen ayuda. Es muy probable que un consejero cristiano o pastor les ayude a tomar una decisión sabia. Cuando no buscan ayuda, los padres a menudo pierden su matrimonio en su intento por salvar a sus hijos.

> **Cuando no buscan ayuda, los padres a menudo pierden su matrimonio en su intento por salvar a sus hijos.**

Muchas parejas mayores terminan en divorcio después de haber gastado toda su energía tratando de ayudar a sus hijos adultos, y de descuidar su propia relación.

DISFRUTA A TUS HIJOS ADULTOS Y VALORA A TU CÓNYUGE

Queremos concluir este capítulo en un tono positivo. La realidad es que hay miles de padres en la segunda mitad del matrimonio que tienen una relación maravillosa con sus hijos adultos. Karolyn y yo (Gary) a menudo le recordamos al otro cuán bendecidos somos de tener dos hijos adultos que son seguidores de Cristo comprometidos, están felizmente casados, y siguen sus vocaciones con gran entusiasmo. Aunque ninguno de nuestros hijos o nietos vive en el mismo estado en el que nosotros vivimos, nos mantenemos en contacto por teléfono o textos. Cuando estamos juntos, disfrutamos inmensamente nuestra relación con ello.

Una de las grandes alegrías en la vida es ver a tus hijos y nietos procurando vivir al servicio de los demás. El apóstol Juan dijo: "No tengo yo mayor gozo que este, el oír que mis hijos andan en la verdad" (3 Jn. 1:3). Disfruta de tus hijos mayores, y ora por ellos. Permíteles vivir sus vidas, al tiempo que valoras y atesoras a tu pareja[4].

4. Si deseas más información acerca de las relaciones con hijos adultos, consulta *How to Really Love Your Adult Child* de Gary Chapman, PhD y Ross Campbell, MD (Chicago: Northfield).

Jerry y Dianna Jenkins

"TODAVÍA SIENTO QUE EL HOGAR ES DONDEQUIERA QUE ELLA ESTÁ"

JERRY B. JENKINS, *autor de éxitos de librería, ha escrito con frecuencia y elocuencia acerca de su esposa Dianna, con quien lleva casado cuarenta y cinco años. Su libro Hedges ha influido a dos generaciones con sus principios sobre cómo proteger un matrimonio de la tentación. Y muchos conocen bien las anécdotas cuando llegaba a casa estando sus tres hijos pequeños, cómo les consagraba su tiempo y escribía solamente después de acostarlos. Hemos pedido a Jerry que nos cuente lo que piensa acerca de cómo es posible permanecer "amantes y amigos" para toda la vida.*

Has escrito que "el amor es un acto de la voluntad. Se ama en la medida en que se hace". ¿Cómo ha funcionado esto con Dianna durante todos estos años?

Soy un romántico incurable. Aunque mi padre era un hombre hecho y derecho, un oficial retirado de la marina y jefe de policía; también era galante, caballeroso, un siervo que se refería a mi madre como el amor de su vida en cientos de poemas que le escribió en los más de sesenta años que pasaron juntos. No tenía demasiado orgullo varonil para rehusarse a lavar los platos, trapear el piso o cambiar un pañal (hasta el día de hoy me siento culpable por no seguir ese ejemplo).

No era muy dado a los regaños, pero su estilo callado me enseñó que hablar —incluso escribir— puede ser fácil. Son los actos de su amor lo que lo demuestran realmente.

Dianna es, de los dos, la más resistente, la que más duro trabaja, y la más saludable. Durante nuestros cuarenta y cinco años de matrimonio, la única vez que ha estado incapacitada por más de medio día —créanlo o no— fue después de haber dado a luz tres veces, y de recuperarse de una cirugía de espalda hace veinte años. Ni una gripa ni influenza ni cualquier otra dolencia en todo ese tiempo.

Hace muchos años escribí un libro titulado *12 cosas que quiero que mis hijos recuerden para siempre*, y una de ellas era: "las mujeres trabajan más duro que los hombres". En caso de que lo hubieran puesto en duda alguna vez, se hizo realidad para mí cuando, durante una recuperación posquirúrgica, tuve al fin el privilegio de cumplir el voto matrimonial: "...en salud y en enfermedad".

¡Por fin pude servirle! Bajo su tutela mientras se recuperaba en cama, logré incluso preparar toda una cena de Acción de Gracias, y me emocionó escuchar cómo ella confirmó a los invitados desde su rincón en el sofá al otro lado de la habitación que no, yo no había comprado todo ya preparado en la tienda de víveres.

Ahora que somos mayores y nuestro nido está vacío, y que ella ha estado de nuevo increíblemente saludable desde aquel episodio, el amor como un acto de la voluntad se ha convertido en actos diarios de cortesía. Cuán fácil es descuidar u olvidar esto en la cotidianidad y la rutina, pero trato de recordar la exhortación del apóstol Pablo de no permitirse hacer nada "por contienda o por vanagloria; antes bien con humildad, estimando cada uno a los demás como superiores a él mismo" (Fil. 2:3). Esto se aplica tanto en el hogar como en la iglesia o en cualquier otro lugar.

Nos esforzamos por mantener el buen humor, los buenos modales y la amabilidad, incluso diciendo por favor y gracias, y preguntando al otro si quiere o necesita algo. Puede sonar insignificante, pero si solo hay una porción de alguna comida favorita, la ofrecemos primero al otro.

Si pasa algo, somos enemigos del silencio y la indiferencia, y tampoco nos ponemos en la competencia de quién es el primero en ventilar el asunto. Eso no significa que estemos de acuerdo en todo. Eso es hipócrita y un juego de tontos. Pero si hay respeto mutuo y hablamos, expresamos consideración y aprecio por las opiniones de cada uno.

Estamos tan acostumbrados a ser amantes y amigos que a veces no nos damos cuenta de lo extraordinario que es hasta que alguien lo menciona. A veces es divertido, como si fuera una sorpresa. "Parece que ustedes en verdad se agradan" o "se la llevan tan bien", o "es evidente que son felices juntos".

Vemos parejas que al parecer solo se soportan el uno al otro, y no puedo imaginar vivir de esa manera.

Al principio de su matrimonio, tú y Dianna llamaron su casa "Los acres de los tres hijos". Han contado acerca de poner fotografías de gran tamaño de sus hijos en las paredes, y de cómo les repiten a diario que los aman. ¿Qué efecto ha tenido en su matrimonio el amor por sus hijos?

Un antiguo dicho asegura que "lo mejor que puede hacer un padre por sus hijos es amar a la madre de ellos". He descubierto que eso es cierto. Pocas cosas emocionan y satisfacen más a Dianna, o me convierten en un héroe a sus ojos, como prodigar amor y atención a nuestros hijos, y ahora a nuestros nietos.

En ocasiones, durante los años de crecimiento de sus hijos, tú les decías "te amo aun cuando estás malhumorado". Cuando alguien en tu hogar está de mal humor, ¿cómo reaccionan tú y tu esposa?

El humor es nuestra respuesta automática. Por supuesto que debe usarse con discreción, porque si alguien está *realmente* obstinado con algo, hay que darle tiempo para que pueda ver el lado gracioso de la situación.

Dianna estaba reprendiendo vigorosamente a uno de nuestros hijos adolescentes (ahora todos son mayores de treinta), por haber salido una noche sin arreglar su habitación. Le señaló claramente que de haberlo sabido, no lo habría dejado ir, y que ahora tenía que limpiar su habitación antes de irse a dormir, y que la próxima vez... etc.

Cuando ella hizo una pausa para respirar, él dijo: "Aun así me vas a permitir seguir viviendo aquí, ¿no es así?".

Por supuesto que eso la desmoronó.

El lema de "Te amo aunque estés malhumorado" todavía funciona, aun con los nietos. Tres de nuestros ocho nietos son adoptados, y ellos no están exentos de usar la frase más hiriente que se les puede ocurrir cuando están enojados, algo así como querer volver a su lugar de origen.

Ha sido divertido y gratificante ver que nuestros hijos responden inmediatamente con la afirmación que sabemos anhelan oír los pequeños. El papá o la mamá le dicen: "Bueno, pues ya sabes que eso nunca va a suceder, porque tú fuiste nuestro regalo de Dios para siempre, y nunca te dejaremos".

Tienes por costumbre hacer comentarios muy positivos acerca de Dianna en tus libros y en público, y reconoces que eres pronto para "presumir" acerca de su resistencia y belleza. ¿Qué inspiró esto?

Sinceramente dudo que sea algo más que la regla de oro. Siempre he disfrutado reírme, de modo que me divierten los comediantes. Pero me molesta cuando los comediantes usan a sus esposas como blanco de sus bromas. Me parece algo bajo y ordinario, y hace mucho tiempo decidí sencillamente que no lo haría, y más bien que, cada vez que hablaba acerca de Dianna, sería para alabarla.

He visto hombres que se refieren a sus esposas como "el viejo grillete", o "aquella", o "la jefe", y si alguien les reclama por eso, responden: "Ella sabe que la quiero o, de lo contrario, no bromearía con ella". Dianna sabe que la amo porque se lo digo.

A tus hijos les has lanzado el reto de que en tu familia "nunca nos rendimos". ¿En qué aspectos ha sido necesario ese compromiso?

La vida es dura. Sé que es mucho más dura para las personas en otros países, y sé que es mucho más difícil para quienes no cuentan con los múltiples privilegios que yo he disfrutado. Pero sin importar cuán exitoso o famoso sea alguien, la Biblia dice que el hombre nace para la aflicción (Job 5:7).

Como cualquier familia, hemos enfrentado pruebas. A mí me han criticado injustamente (y a veces justamente, por supuesto), acusado falsamente, y los chicos han sufrido lesiones deportivas y pérdidas dolorosas, desilusiones amorosas; algunos han tardado más en terminar su educación universitaria que los israelitas en llegar a la Tierra Prometida; casi perdemos a un hijo en la sala de recuperación después de una cirugía rutinaria, y la lista sigue.

Cuando enseñaba a los chicos el principio de nunca rendirse, se trataba más de aprender a perder. Cuando alguien te está derrotando en la cancha de ráquetbol o en tenis de mesa, y no tienes posibilidades de ganar, no solo tienes que rechazar la derrota, sino que en vez de dejar de jugar haces tu mejor esfuerzo. No porque puedas ganar, lo cual quizá sea imposible, sino porque le debes a tu oponente el mejor esfuerzo. Es lo correcto.

Pero esa ética familiar paga más adelante cuando debes enfrentar dificultades, servir a un jefe injusto, aceptar un trabajo insignificante para ganarse la vida, hacer algo que no te agrada por el bien de otra persona.

Empiezas tu libro *Hedges* con las "reglas mojigatas" que has incorporado a tu vida y que "están diseñadas para proteger mis ojos, mi corazón, mis manos, y por ende mi matrimonio". Las tentaciones vienen en muchas formas. ¿De qué manera las han enfrentado tú y Dianna a lo largo de los años, y cómo se aplica *Hedges* hoy en nuestra sociedad "saturada de sexo"?

No debería sorprenderme, pero ese libro (ya en su tercera "reencarnación" y todavía a la venta después de veinte años) es más necesario hoy que nunca. Entre más prevalece el adulterio y el divorcio entre cristianos y líderes cristianos, más aceptables parecen ser.

Las personas todavía consideran mi prohibición contra viajar, reunirse, o cenar a solas con una mujer extraña como una medida mojigata, a pesar de todos los peligros que existen. Quisiera pensar que he superado las tentaciones, y creo que ya estoy demasiado viejo para que alguien arriesgue su reputación por mí. Pero yo mantengo la regla como una de mis barreras para guardar las apariencias, porque si se es cuidadoso con las apariencias, también se cuidan los principios. Si nunca estoy a solas con una mujer extraña, nadie puede inventar un rumor, y si alguien quiere sencillamente arruinar mi vida con una apariencia negativa, mi barrera se lo impide.

Por supuesto, en estos días con la pornografía a un clic de distancia incluso de los niños, no sé cómo los padres sobreviven sin una fuerte protección en la red. Cada generación afirma que se hace más y más difícil la crianza de los hijos, y este aspecto es indiscutible.

Tu familia ha crecido de cinco miembros a quince. ¿Cómo los afecta ahora el hecho de tener nietos, y nietos adoptivos?

Dianna y yo nos hemos convertido en los abuelos odiosos por excelencia, con todo y espectáculos multimedia integrados en nuestros teléfonos. Nosotros seríamos los abuelos más insoportables, salvo porque nuestros nietos son los mejores del mundo. Pregunta nada más.

Nuestro hijo mayor y su esposa tuvieron tres hijos biológicos, y nuestro segundo hijo y su esposa tuvieron dos, y luego ambas parejas decidieron adoptar. Primero llegó Max de Bangkok, y ese proceso fue muy demorado, fue como un embarazo que duró años, o así lo afirman las mujeres de la familia. Luego vinieron Jalen y Chelsea de la ciudad de Kansas.

La emoción desbordante que Dianna y yo sentimos al respecto es que, si bien hemos amado siempre a nuestros hijos y a sus esposas, y hemos estado orgullosos de ellos, si nunca hicieran nada más en la vida aparte de adoptar a esos niños, eso sería suficiente. Ni ellos ni nosotros negamos las realidades que esto supone. Conocemos bien los desafíos presentes y los por venir. Pero el hecho de que ellos aceptaran esto como un acto de obediencia y servicio no podría emocionarnos más.

¿Qué preocupaciones tienes por tu familia a la luz de los acelerados cambios y desafíos de la actualidad?

Me parece interesante que haya existido un rescoldo de racismo en mis ancestros, y que mi madre de algún modo superó, al punto que me conmocionó descubrirlo en mi adolescencia, porque ella había inculcado tan bien en sus tres hijos lo contrario. Y nuestros hijos son la tercera generación de mi familia extendida que adopta niños de color, de modo que en alguna parte hay alguien revolviéndose en su tumba. Y nuestra fotografía de las tarjetas navideñas parecen una edición de las Naciones Unidas.

A Dianna y a mí nos encanta cómo se ve y se siente nuestra familia, pero nos preocupa lo que nuestros nietos puedan enfrentar a medida que crecen. Por ejemplo, sea justo o no (y sin duda no lo es), ¿dejaría mi hijo a su hijo de color ponerse la sudadera con capucha de su hijo blanco?

Por el momento disfrutamos la preciosa inocencia. Por ejemplo, nuestra nieta de color que tiene cuatro años llamaba una y otra vez a nuestro hijo en la piscina . pública: "¡Mírame, papi! ¡Mira esto, papi!".

Otra niña los observó a los dos y dijo: "¿Cómo puede él ser tu papá?".

Chelsea se rascó la cabeza, obviamente desconcertada por la pregunta. "¡Porque es gracioso!".

En tus libros revelas con franqueza tus fortalezas y también debilidades. ¿Sucede lo mismo en tu dinámica matrimonial?

Claro. Es imposible ocultarse en el día a día cuando se vive con alguien desde 1971. Stephen King escribió que uno de los secretos para el éxito de un novelista es casarse con una mujer que no cree tonterías tuyas ni de nadie más.

¿Qué es lo que más disfrutan después de haber estado casados durante tantos años?

Hay cierto nivel de comodidad en lo que nos resulta conocido. No hemos permitido que nuestras excentricidades se vuelvan molestas. Conocemos bien lo que le gusta y lo que le disgusta al otro, y nuestros hábitos. Podemos hacer el pedido de comida del otro. Aunque a mí me gusta la comida picante y a ella no, de algún modo yo sé cuánto puede tolerar ella y puedo anticipar qué platos le gustarían o no.

Con frecuencia, podemos comunicarnos con una mirada en un recinto lleno de gente. Todavía siento que el hogar es donde está ella, y mi viaje favorito es de vuelta donde ella está. Todavía me encanta mirarla, y todavía siento escalofrío cuando llega.

¿Le gustan a Dianna los deportes?

¡Sí! Y a nuestros hijos les encantaba eso. Ella siempre les recordaba cuándo presentaban partidos en la televisión, y nunca nos perdíamos los juegos de las ligas juveniles y escolares. Ella y yo todavía vemos muchos juegos de béisbol, basquetbol, y fútbol en televisión.

¿Cómo han enfrentado la adversidad en su matrimonio?

Frente a momentos difíciles, nuestro lema se ha vuelto "Esto también pasará". Sin embargo, debo decir que no hemos enfrentado grandes dificultades como sucede a muchas personas. No podemos imaginar una tragedia en nuestra familia inmediata. Quisiera pensar que nuestra fe sería lo bastante fuerte para una verdadera prueba.

Vivimos en el Black Forest de Colorado Springs, que hace un año fue arrasado por un incendio, en el que se perdieron más de 500 casas. Nosotros estábamos ubicados en dos intersecciones al sur del peor incendio, y solo el capricho del viento determinó qué casas se salvaban. Algunos amigos nuestros lo perdieron todo.

Yo puedo decir que durante esa semana en la que no se sabía si de un día a otro el viento cambiaría de dirección y arrasaría con todo en tu terreno, yo sentí mucha paz. Por supuesto que habría sido muy doloroso perder el lugar que reúne tantos recuerdos, pero todos estábamos a salvo. Al final, nos dijimos, el resto no es más que cosas materiales.

SEGUNDA PARTE

4

Dónde vivir, qué hacer...

....

Muchos dirían: "Primero Dios, segundo la familia, tercero el trabajo". Puede que lo creamos y que tratemos de cumplirlo en la vida, pero la verdad es que para muchos el trabajo consume la mayor parte de nuestro tiempo. El trabajo puede ser maravillosamente apasionante, o hacer nuestra vida desdichada. El prospecto de la vida después del trabajo, la jubilación, o lo que sea que venga después es a la vez emocionante e inquietante. Y todo esto afecta profundamente nuestro matrimonio.

Una esposa confesó:

Siempre he dicho: "El trabajo no te devuelve amor". Mi esposo se jubiló con anticipación, y durante años llevamos vidas separadas; yo iba al trabajo, y él se quedaba en casa. Yo empecé a pensar: "¿Esto es lo que quiero hacer con el resto de mis días? ¿Qué pasará si la salud de uno de nosotros falla?". Es demasiado fácil quedar atrapado en una rutina, y los meses se convierten en años, y luego, de repente, tienes setenta años y te preguntas qué pasó.

Hay un viejo dicho según el cual "nadie llega al final y lamenta no haber pasado más tiempo en la oficina". Cierto, pero al mismo tiempo, hay que ganarse la vida de alguna manera. Si tienes la bendición de un trabajo apasionante, y sientes que estás haciendo una contribución al reino, y tienes salud, puede que no quieras dejar de trabajar completamente. Yo pude cambiar a una rutina más flexible, que me encanta. Con todo, todavía nos hacemos preguntas sobre el futuro. Creo que todo el mundo a nuestra edad lo hace.

En la segunda mitad del matrimonio, pocos asuntos son más complejos como el trabajo: cómo va, cuándo detenerse, qué hacer en una "nueva fase" que puede resultar apetecible pero también aterradora. Tampoco ayuda el sonsonete de los medios acerca del futuro nefasto que les espera a los que nacieron en la posguerra y que no han ahorrado lo suficiente para su jubilación. Al mismo tiempo, muchas parejas se sienten entusiasmadas con la idea del "próximo paso". Puede ser una mudanza, un nuevo negocio, más oportunidades para servir o para viajar. Otros, sin embargo, no están seguros acerca de qué hacer con todo ese "tiempo". Conocemos a una mujer cuyo caso es típico. Está a punto de jubilarse después de un par de décadas como trabajadora social, y planea viajar un poco con su esposo para sus negocios. Ella admite que, si bien eso *podría* ser interesante, aún tiene muchos interrogantes. Otros, especialmente quienes todavía tienen hijos en la universidad, continúan trabajando hasta después de los sesenta y cinco.

Entonces, ¿cómo decidimos? ¿Hay respuestas factibles?

"QUEREMOS ESTAR CERCA DE NUESTROS HIJOS"

Carlos y Carolina han luchado con este asunto. Él ha trabajado como planificador financiero, pastor, escritor, y recaudador de fondos. Ella trabajó en el negocio familiar, y ahora hace parte del personal de una universidad local. Les encanta su vida en el sur de California, pero a Carolina le preocupa lo que sucederá después de dejar su trabajo. "Temo lo que pase cuando deje de trabajar. Vivimos en una zona muy costosa, pero queremos estar cerca de nuestros hijos. Y nos encanta el lugar donde vivimos porque es una zona muy dinámica. Estamos tan ocupados ahora con nuestra vida que nos asusta hablar y pensar acerca del futuro". Carlos se ríe. "¡Yo estoy en negación absoluta acerca del hecho de que voy a cumplir setenta!". Él todavía trabaja y viaja como un recaudador de fondos de tiempo completo para un gran ministerio, pero le encanta escribir y sueña con expandir sus aficiones y convertirlas en una carrera. También sueña con pasar más tiempo con Carolina.

"A los dos nos gustó nuestro negocio de planeación financiera en el que yo trabajé con clientes y Carolina manejó la oficina. Al mismo tiempo ha sido emocionante ver cómo Carolina cobra vida en su trabajo en la universidad. La quieren mucho allí".

Si bien Carlos se alegra por la manera como su esposa ha desarrollado su propia carrera profesional, reconoce con sinceridad los tropiezos y decepciones. "Yo llegué a los cuarenta y ocho y decidí que no quería más trabajar en mi negocio. Entonces me dediqué al ministerio, que es lo que había estudiado en la universidad. Pero no terminó bien.

> ¿Cómo podría el trabajo afectar negativamente nuestro matrimonio? ¿Por cuánto tiempo podré desempeñar ese trabajo? Esa es la clase de preguntas que deben plantearse antes de hacer un cambio profesional.

Hace unos años salió una carátula de la revista *Time* que mostraba a un hombre con la cabeza enterrada en la arena, y el titular 'El hombre blanco clavado en la playa'. Así fue como me sentí".

Carlos y Carolina se vieron obligados a mudarse de una encantadora propiedad de seis acres en el condado de San Diego, a un lugar más pequeño en el animado condado de Orange. "Nuestra hacienda era hermosa —dice Carolina—. Era oscura y tranquila en la noche. Nuestra nueva casa no es muy tranquila. Nos tomó un par de años adaptarnos. Teníamos tanta nostalgia que se prolongó nuestro sentimiento de pérdida".

A pesar de todo, ellos se dieron cuenta de que Dios puede convertir la pérdida en ganancia.

Carlos comenta: "Conozco a un hombre en silla de ruedas que dice: 'La vida que he tenido nunca habría sido posible sin esta silla de ruedas'. Pienso en las cosas que Carolina y yo nunca hubiéramos hecho de no haber sido por estas pérdidas. Eso no las hace más sencillas, pero sí equilibra todo".

PREGUNTAS QUE DEBEMOS PLANTEARNOS

La experiencia de Carlos y Carolina ilustra dos de las realidades comunes que muchas parejas enfrentan en la segunda mitad del matrimonio. La primera es el cambio de vocaciones. Para Carlos, esto significó cerrar su negocio y empezar a trabajar en el ministerio, que no resultó ser una experiencia positiva para él. Carolina pasó del negocio de planeación financiera al trabajo en la universidad. Para ella, el cambio vocacional resultó ser una experiencia muy positiva. No es posible predecir si el cambio vocacional será positivo o negativo. Por supuesto, siempre esperamos que sea positivo.

Cuando pensamos en un cambio vocacional, es extremadamente importante aprender todo lo posible acerca de las exigencias del nuevo trabajo. Las ilusiones no deben prevalecer sobre una evaluación realista. ¿Este trabajo es acorde con mi personalidad y habilidades vocacionales? ¿En qué se diferencia de mi antiguo trabajo en términos de exigencia de tiempo? ¿Requerirá un nuevo estilo de vida, como por ejemplo viajar? ¿Cómo es el salario comparado con el que tenía antes? Si es inferior, ¿estamos dispuestos a hacer ajustes en nuestro estilo de vida? ¿En qué medida puede este trabajo contribuir a nuestro matrimonio? ¿Cómo podría afectarlo negativamente? ¿Por cuánto tiempo podré *desempeñar* ese trabajo? Esa es la clase de preguntas que deben plantearse antes de hacer un cambio profesional.

La segunda realidad que muchas parejas deben afrontar es el cambio de lugar de la vivienda.

> El "limbo" en el que nos encontramos ahora ha aumentado nuestra empatía y paciencia mutuas.

Para Carlos y Carolina esto significó salir de un entorno rural para mudarse a una ciudad animada. Esos cambios pueden ser traumáticos. A veces las parejas eligen cambiar de ubicación para estar más cerca de sus hijos adultos. Muchas veces no calculan que sus hijos también podrían mudarse en el futuro próximo. Seguir a los hijos adultos no siempre es una decisión sabia.

En este caso también deben plantearse preguntas para contemplar una mudanza. ¿Cómo nos afectará económicamente una mudanza? No solo hay que considerar los costos de vivienda sino los impuestos sobre la renta. ¿Cuál es nuestra verdadera motivación para mudarnos? ¿Estamos preparados para renunciar a nuestras amistades de tantos años en el lugar donde vivimos? ¿Cuál es el estado mental de cada miembro de la pareja? Un cónyuge deprimido puede no resistir un cambio de ubicación. Hablar con amigos de su edad que se han mudado puede darles una idea más realista de la clase de cosas que podrían enfrentar en esa clase de transiciones.

Cambiar de vocación y de ubicación pueden ser experiencias extremadamente positivas para un matrimonio. Por otro lado, pueden suponer un gran desafío. Esa clase de decisiones deben siempre ir precedidas de una investigación exhaustiva acerca de las implicaciones de tales cambios.

"HABLAMOS Y HABLAMOS SIN PARAR"

Esto mismo sucede con Juana y Ricardo, que luchan continuamente con la pregunta acerca de "dónde deben vivir". Juana cuenta su historia:

Algunas parejas llegan tranquilamente a sus años de jubilación sin angustiarse por saber dónde van a terminar viviendo. Por ejemplo, unos buenos amigos saben sin lugar a dudas que al jubilarse van a mudarse a los Ozarks, un lugar que les encanta y que visitan constantemente. Para otros amigos fue pan comido. Compraron la casa de sus sueños en Arizona y se mudaron allí después de jubilarse. Allí es donde siempre quisieron estar.

Pero yo no puedo decir lo mismo con respecto a mi esposo Ricardo y a mí. Resolver esta etapa que viene para nuestro matrimonio no ha sido fácil. De hecho, ha sido una combinación de gozo y emoción, al igual que de confusión y estupor. Hace diez años imaginábamos jubilarnos en una cabaña con vista a la montaña cerca de Durango o Asheville. Pero ahora los problemas de salud por nuestra avanzada edad, y el nacimiento de los nietos han entrado en el panorama. Así que el pragmatismo ha dado un giro de la ubicación de nuestros sueños a una casa en la Florida.

Lo cierto es que yo nunca quise terminar en la Florida. Yo soy más bien una chica de las montañas. Por otro lado, Ricardo ha terminado por detestar los inviernos de Chicago y le encanta la playa. Cuando su mamá ingresó hace cinco años a una residencia asistida para personas mayores, un lugar cerca de la costa, y nació nuestro primer nieto, empezamos a pasar los inviernos en la Florida. Ahora es un rito de cada año que ha suscitado muchas conversaciones emotivas y teme-

rosas acerca de si además de pasar el invierno, deberíamos mudarnos allí definitivamente.

Mi esposo sabe lo que quiere, pero en mi corazón hay un gran dilema. Anhelo estar con nuestra hija mayor y su familia, pero mi otra hija y mis padres todavía viven a un día de distancia en auto de nuestra casa en Chicago. De cualquier modo, nuestra decisión supone distanciarnos de la familia extendida. Es un prospecto difícil de contemplar.

Aunque deseamos estar cerca de nuestros hijos y nietos, Ricardo y yo sabemos que tenemos que tomar el camino que más nos convenga como pareja. También tenemos esto claro: no tiene sentido para nosotros mudarnos lejos de todos los miembros de la familia. Así que hablamos y hablamos sin parar. Ricardo y yo "probamos" todos los escenarios posibles, los "cuándos" y "cómos", repasándolos libre y frecuentemente. A medida que aclaramos la dirección que debemos tomar en esta etapa de nuestra vida, nos acercamos mutuamente a la perspectiva del otro. Ricardo quiere que yo sea feliz. Yo quiero que él sea feliz. Estamos aprendiendo más acerca del corazón del otro, aun después de treinta y ocho años de matrimonio.

Esta etapa, por difícil que sea en ocasiones, ha suscitado discusiones importantes acerca de las necesidades individuales y las metas matrimoniales a nivel personal, familiar y económico. A pesar de que quizá no empezamos en el mismo sentir, hoy estamos unidos en nuestro deseo de encontrar un "final feliz" para cada uno de nosotros. Todavía no hemos puesto el aviso de "se vende" frente a nuestra casa en Chicago.

"NO TENGO MIEDO"

¿Qué pasa si el trabajo es un sufrimiento o algo perjudicial? O, ¿qué sucede cuando perdemos el empleo?

Juan y Carlota han vivido buenos y malos momentos a lo largo de los años: un trabajo satisfactorio con buenos colegas, pero también días difíciles y descorazonadores que los han dejado lastimados y frustrados. Ahora están enfrentando el desempleo de Juan. Según ellos mismos cuentan, ambos provienen de familias disfuncionales. Ahora que sus hijos se han ido, a veces piensan: "¿Por qué no separarnos como tantas parejas? ¿Por qué no buscar la felicidad en otra parte?". Juan y Carlota no lo hicieron. Han perseverado y ahora siguen juntos afrontando las turbulencias de la vida. ¿Cómo lograron superar el momento más crítico de su matrimonio cuando tantas parejas se dan por vencidas? ¿Cómo pueden enfrentar el desafío actual del desempleo? Parte de la respuesta puede encontrarse en la manera como manejaron una invasión inesperada en los primeros años de su matrimonio.

"Mis padres eran grandes luchadores —dice Carlota—, pero mi madre recuperó la fe gracias a Tootie". Tootie era la hermana de Carlota que tenía síndrome de Down y que no era completamente independiente. Ella y su madre habían vivido de casa en casa entre los parientes. Poco después del nacimiento de la primera hija de Juan y Carlota, les llegó el turno de alojarlas. Carlota estaba en su licencia de maternidad, y había cinco personas viviendo incómodamente en una casa muy pequeña.

Un día, la madre de Carlota preguntó: "¿Podemos quedarnos?". Cuando nos cuenta la historia, Carlota mira a su esposo. "El mérito es de Juan, que fue tan paciente con mi mamá y con Tootie, porque su padre nunca recibió a la familia extendida".

Juan no solo era paciente, sino que llevó a la familia a vivir en una casa más grande. Los "sacrificios" resultaron traer muchos resultados positivos. Tootie vivió con ellos durante veinticinco años antes de fallecer. Aunque tenía grandes limitaciones, era emocionalmente inteligente, y siempre estaba dispuesta a animar a los demás con una canción.

"En realidad ella era muy divertida —dice Juan—. No nos pareció un inconveniente".

"Era mi familia, pero Juan tomó la iniciativa —dice Carlota—. Nuestros dos hijos crecieron viviendo con la inocencia de Tootie, y conociendo a su abuela. Ellos entendieron que no era un mundo perfecto, y que eso está bien".

Juan añade: "Tootie influyó en los niños. Ellos son compasivos y de buen corazón como ella lo fue". Lo que pudo separar su matrimonio al principio llegó a ser en cambio un propósito conjunto y una fuerza que al final los unió.

Juan dice: "Mi padre no era un hombre amoroso, así que yo no sabía cómo responder porque había tenido un mal ejemplo". Él dice que ahora, mirando todo en retrospectiva, piensa que podría haberlo hecho mejor, "pero cuando veo a mi esposa y a mis hijos, pienso 'lo estoy haciendo mejor que mi padre'".

"¡Mucho mejor!" —afirma Carlota.

Eso incluye romper el patrón marcado por sus padres cuando se presentó la crisis de trabajo, ya que permanecieron firmes en su compromiso mutuo. Ellos atribuyen todo a su fe, como "el ingrediente esencial que nos ayudó".

Aun así, su fe necesitaba refuerzo. Hace poco descubrieron los libros y podcasts de Tim Keller, que los ha vivificado y los ha llevado de vuelta a los "fundamentos". En momentos de angustia, Juan siempre dice el Padre Nuestro. "A veces digo nada más 'Padre Nuestro', y pienso: *¡Vaya! Puedo llamarlo Padre.* Y recuerdo todos los pasajes de las Escrituras que lo llaman Padre".

Juan dijo que, durante la crisis laboral, él pensó cómo sería una separación. No solo se dio cuenta de que no iba a estar mejor lejos de Carlota, sino que sus hijos los necesitaban juntos. "Habría sido un terrible golpe para ellos —nos dijo—. Hicimos un compromiso muy serio. Piensa en eso. ¡Los votos!".

A pesar de que como pareja afrontan el desaliento de buscar

empleo, y que están ya en edad cercana a la jubilación, ellos tienen esperanza en el futuro. "Hace quince años me habría aterrado esto del desempleo —dice Carlota—. Pero ya no tengo miedo".

CELEBREN SUS DECISIONES

Al mirar en retrospectiva su matrimonio, tal vez se identifiquen con Juan y Carlota. Quizás han enfrentado sucesos familiares inesperados que han puesto una presión extrema sobre el matrimonio. Ustedes también han contemplado la posibilidad de dejarlo todo, pero, por la gracia de Dios, han soportado esas dificultades y siguen juntos. ¿Por qué no dedican un momento para celebrar las buenas decisiones que han tomado a pesar de las circunstancias inesperadas que han vivido? Un momento que celebramos con Karolyn es cuando nuestro hijo regresó a casa de la universidad, puso su mano derecha en mi hombro, su mano izquierda en el hombro de su madre, y nos dijo: "Quiero darles gracias por permanecer juntos. Sé que tuvieron dificultades en los primeros años de su matrimonio, y me alegro mucho de que hayan permanecido juntos. Tengo amigos en la universidad que no van a su casa en Navidad porque sus padres se separaron o se divorciaron después de que ellos fueron a la universidad. Ellos no saben a quién visitar en Navidad, de modo que se van a quedar en la universidad".

Nuestros corazones se apesadumbraron al pensar en esos hijos adultos, pero el mensaje de nuestro hijo fue muy alentador para nosotros. Si han soportado dificultades y a pesar de todo han permanecido juntos lo suficiente para aprender a amar, animar, y apoyarse mutuamente, sus hijos también les agradecerán por haber permanecido juntos.

"ME ATREVO A TENER ESPERANZA"

Juan y Carlota no son los únicos que batallan con los asuntos del trabajo. Vivimos tiempos de incertidumbre e inestabilidad laboral, en los que se hace a un lado o se despide a los trabajadores mayores, perdiendo así su sentido de identidad y seguridad. La búsqueda de empleo a veces desencadena una serie de desilusiones.

La inestabilidad económica global causa estragos tanto en la industria como en la vida personal. Por ejemplo, Alonso y María atraviesan un momento de gran inestabilidad a causa de los muchos años que pasaron luchando duramente con una gran deuda pasada en la que incurrieron por cuenta de un tratamiento contra el cáncer para María. Durante dos décadas han trabajado fielmente y han hecho muchos recortes para cumplir la meta de pagar esas deudas hospitalarias. Aun así, hace poco, cuando estaban a punto de terminar de pagar los préstamos, Alan se enteró de que recortarían su salario después de haber estado en una compañía durante muchos años.

Parecía demasiado para poder soportarlo. "Estaba enojada —dice María—. Fue terrible".

De sus tratamientos contra el cáncer, dice: "Si existe el infierno sobre la tierra, eso fue la quimioterapia". Una amiga que también se había sometido a ese tratamiento había cavado un foso en su casa a manera de catarsis. "Cuando no podía más —dice María—, yo rompía recipientes de vidrio en ese foso. Cuando me sentía realmente enojada, mi amiga decía: 'Muy bien, ¡vamos a romper vidrio!'. Yo arrojé un frasco de mayonesa en el foso y se rompió. Esto me produjo alivio".

Todavía luchaba con su enfermedad cuando ella y Alonso enfrentaron un nuevo golpe: la grave enfermedad crónica de su hijo, junto con las facturas hospitalarias y los tratamientos. Alonso se refiere a los siguientes ocho años como un tiempo de "sufrimiento incesante y agotador. Por mucho tiempo sentí que Dios prácticamente me había abandonado a mí y a mi familia".

Cuando encontró pasajes de las Escrituras que lo llevaron a darse cuenta de que, a pesar de *sentirse* abandonado por Dios, podía clamar a Él en su dolor. Como el salmista en el Salmo 88, podía orar sin necesidad de ocultar sus sentimientos.

Alonso descubrió el mismo realismo en "el profeta llorón". En Lamentaciones 3 (NTV), Jeremías se queja porque Dios "me llevó a las tinieblas, y dejó fuera toda luz… me cercó con un muro, y no puedo escapar; me ató con pesadas cadenas… me arrastró fuera del camino, y me descuartizó y me dejó indefenso y destruido".

¡Esa no es la clase de pasaje bíblico que las personas suelen buscar para inspirarse! Sin embargo, Alonso se sentía identificado con la angustia del profeta, y le dio la libertad de poder expresar sus sentimientos más profundos y dolorosos. Vio que las oscuras palabras del profeta dieron un giro hacia la luz. Jeremías escribió: "Siempre tengo presente este terrible tiempo mientras me lamento por mi pérdida. No obstante, aún me atrevo a tener esperanza cuando recuerdo lo siguiente: ¡El fiel amor del Señor nunca se acaba! Sus misericordias nunca terminan. Grande es su fidelidad; sus misericordias son nuevas cada mañana".

Alonso se identificó con la declaración del profeta: "Me atrevo a tener esperanza". Identificarse con el valor de Jeremías le permite mantener su esperanza viva a pesar de sus dificultades.

Me atrevo a tener esperanza. Alonso dice: "En la agonía de las tinieblas, recordar que el amor y las misericordias de Dios no tienen fin es lo que nos mantiene en pie".

Los problemas de la vida siguen. Hace apenas tres semanas antes de nuestra entrevista, Alonso se enteró que habían reducido su trabajo a cuatro días por semana, un 80 por ciento menos de su salario que ya había sido reducido.

La reacción de María a este último revés fue muy diferente al año anterior. Igual que Alonso, ella se aferra aún más a los recursos espirituales, y halla consuelo en recordar que Jesús mismo sufrió mucho, y dijo: "En el mundo tendréis aflicción; pero confiad, yo he vencido al mundo".[5]

Lo primero que pensó a raíz del recorte salarial fue dejar de dar la ofrenda especial de fin de año, ya que tenían tan poco. Con todo, oró respecto a su situación y sintió una paz renovada para ofrendar.

Ella dice que sintió que Dios le decía: "Confía en mí". Se han atrevido a tener esperanza durante mucho tiempo, en muchos casos contra algo que parecía imposible médicamente. Algunas de esas esperanzas se han vuelto una maravillosa realidad. Sus dos hijos están muy bien ahora, y gozan de las bendiciones de su nueva nieta que trae nueva alegría a la familia.

RENUNCIAR AL ENOJO

Alonso y María demuestran el valor de la dimensión espiritual cuando enfrentamos pérdidas en el trabajo y reveses económicos. Es muy fácil maldecir la compañía que nos ha tratado injustamente. Sin embargo, si pasamos demasiado tiempo enfocándonos en la injusticia, y permitimos que el enojo destruya nuestro bienestar, perderemos la paz que viene después de compartir nuestras penas con Dios, y cuando permitimos que Él infunda paz a nuestro corazón.

Cuando perdemos un empleo, o se nos trata injustamente, es el momento de buscar la dirección de Dios. Pero antes de poder seguir adelante, tenemos que renunciar al enojo y dolor, y confiar en Él para guiar nuestro futuro. Dios usa con frecuencia a las personas, de modo que podemos comunicar nuestra necesidad de empleo con otros. Pasamos el día buscando trabajo, en lugar de trabajar. En su momento, Dios proveerá. Y nos ayudará a crecer en el proceso.

5. Juan 16:33.

ENTONCES, ¿CÓMO *HACER* PLANES?

Con todas las emociones, angustias y estrés en torno a la vida laboral, la jubilación parece una gran opción. ¿No es así? Una esposa dijo: "Hace poco escuché que una pareja a la que hemos conocido por más de treinta años acaba de jubilarse. El esposo tiene exactamente mi edad. En realidad son los primeros amigos que se han jubilado formalmente, sin perder su trabajo ni trabajar parcialmente, aunque trabajan un poquito. Yo pensé: '¿Me gustaría ser como ellos y nunca tener que volver a preocuparme por trabajo?'. Para ser sincera, tal vez no. No obstante…".

Hablamos con un hombre de sesenta y un años que tuvo una baja de trabajo de tres meses debido a un reemplazo de rodilla. Fue un alivio para él volver a trabajar, y dijo que estaba cansado de ver televisión y hacer nada".

Su esposa también estaba cansada. "Ella me dice: 'Ve a alguna parte'. Yo le digo: "Estoy en mi sala de estar, tan lejos de ti como puedo en esta casa'. Ella me dice que debería ir a alguna parte, donde sea. Yo le pregunto: '¿Por qué no te vas *tú* a alguna parte?', pero ella dice: 'Yo estaba aquí primero'".

> "Al ver a mis amigos jubilados pensé: '¿Me gustaría ser como ellos y nunca tener que volver a trabajar?'".

Su dilema nos recuerda al hombre que comentó lo siguiente acerca de su jubilación: "Tengo el doble de esposa y la mitad del dinero".

"Tenemos amigos en la Florida —nos cuenta—. Él ha estado jubilado dos años, y su esposa le dice: 'Tienes que conseguir un trabajo, o un pasatiempo, o *algo* para hacer'.

Mi consejero financiero nos dice que podríamos jubilarnos ahora, pero de ninguna manera voy a hacerlo".

Sin embargo, como todos los que tenemos algo de "experiencia" en la vida, no siempre podemos controlar lo que vamos a hacer, o lo que no. No hay garantía de una buena salud para nosotros o nuestra pareja. Incluso el empleado más leal puede terminar desempleado. Los pequeños negocios se van abajo. O, como Juan y Carlota descubrieron, la familia viene en busca de ayuda.

TRES PREGUNTAS

Entonces: ¿trabajar, o jubilarse? ¿Cómo planeamos en un mundo cada vez más incierto? ¿Qué clase de preguntas debemos plantearnos cuando pensamos en la jubilación?

La pregunta fundamental es: ¿Por qué quiero jubilarme? Para algunos, la respuesta es problemas de salud. Ya no son físicamente capaces de trabajar. Otros han trabajado en ambientes de mucha presión, y están emocionalmente listos para liberarse de ella. Otros quieren tener la libertad de viajar, o jugar al golf todos los días, o pasar más tiempo con los nietos. Algunos desean pasar más tiempo en viajes misioneros, o trabajar más en su iglesia o comunidad. Hay buenas y no tan buenas razones para jubilarse. Sin embargo, cada pareja debe buscar con sinceridad la respuesta a la pregunta ¿por qué quiero jubilarme?

Otra pregunta fundamental es: ¿Qué planeo hacer con mi vida después de jubilarme? Busquen respuestas realistas. Algunos que se han jubilado con la intención de jugar golf nos han dicho que, al cabo de tres meses, la actividad les resulta menos interesante. Por otro lado, un amigo dijo hace poco: "Ahora que estoy jubilado estoy explorando algunos intereses que siempre tuve pero que nunca había tenido tiempo de desarrollar. Por ejemplo, este semestre me inscribí a una clase de arte en la universidad local. Siempre quise pintar, y me resulta muy gratificante". Otro amigo señaló que se había dedicado a la lectura. "Hay tantos libros que durante años quise leer, pero nunca tenía tiempo. Ahora realmente disfruto leer. Algunos días leo en la biblioteca cercana. Otros, voy a mi cafetería favorita. Hace poco he ido a la iglesia en busca de un lugar tranquilo para leer. En el verano me siento en un banco del parque a leer. Es realmente emocionante".

Hemos observado que las personas que se jubilan con planes específicos de cómo usar el tiempo, por lo general disfrutan de su jubilación. Por otro lado, quienes se jubilan sin planes específicos a menudo terminan extremadamente aburridos.

> **Nunca somos demasiado viejos para jubilarnos del servicio a Dios.**

La tercera pregunta fundamental es: ¿Tenemos suficiente dinero para jubilarnos? No hay respuesta arbitraria a cuántos activos se necesitan para jubilarse. No obstante, sugerimos que hablen con un consejero financiero que les ayude a evaluar sus finanzas. Para algunos, la jubilación exigirá un cambio de estilo de vida después de la jubilación. Sus activos no les permitirán vivir al mismo nivel al que están acostumbrados. Ser realista respecto a sus activos les ayudará a tomar decisiones sabias cuando piensen en su jubilación.

Nosotros creemos que el hombre fue diseñado para trabajar. En el principio, Dios ordenó al hombre trabajar seis días y descansar el séptimo. Hallamos propósito en el trabajo cuando esto mejora las vidas de nuestra familia y de otras personas. Lo ideal es encontrar una vocación que nos permita invertir tiempo en un proyecto provechoso para la humanidad. Por eso, algunas profesiones no son apropiadas para cristianos. Aunque recibamos un salario por nuestro trabajo o voluntariado, también es una forma de servir a otros.

Hace unos años, yo (Gary) estuve en Tailandia donde conocí a Gary y Evelyn Harthcock, que ya estaban en sus ochenta. Habían estado allí varios años enseñando inglés como lengua extranjera. Su currículo estaba basado en la Biblia. Además de enseñar a las personas de ese país a leer, les contaban las buenas nuevas de Cristo. Yo les pregunté: "¿Qué ingresos tienen?". Él me contestó: "Recibimos nuestros cheques de la seguridad social, y yo tengo una pequeña pensión de mi trabajo. Con eso nos basta". A continuación le pregunté: "¿Cuánto tiempo planean estar aquí?", y me contestó: "Mientras tengamos salud. No tenemos deseo alguno de volver a la Florida, sentarnos en una mecedora, y esperar la muerte".

Nunca he olvidado sus palabras. Desearía que todo cristiano viviera con esa actitud. Nunca somos demasiado viejos para jubilarnos del servicio a Dios. Albert Schweitzer invirtió su vida como médico en lo que era en aquel entonces África ecuatorial francesa. Al recibir el Premio Nobel de la Paz, dijo: "Una cosa sé: los únicos de ustedes que serán verdaderamente felices son los que han buscado y encontrado la manera de servir"[6].

---

6. George Sweeting, *Who Said That?* (Chicago: Moody, 1995), p. 250.

5

*Sexo después
de tantos años*

....

*Para este capítulo concluimos que lo más conveniente sería
que Gary asuma su papel de consejero y erudito y siga adelante con el tema de la sexualidad en los años de madurez.
Algunos temas pueden resultar conocidos, en tanto que otros
hechos y consejos pueden brindarles información novedosa.
Al final del capítulo encontrarán una lista de deseos para
mejorar su vida sexual que pueden servir como punto de partida para conversaciones de pareja acerca de este importante
aspecto de su matrimonio.*

Cuando introdujimos el tema "vida sexual después de tantos
años", recibimos respuestas diversas. Una dama dijo: "Sexo,
¿qué es eso?". Cuando rió después de plantear esa pregunta,
nosotros pensamos si quizá el sexo para ella era cuestión del
pasado. Otra esposa contestó: "Mejor que nunca. Los hijos se
han ido y la estamos pasando en grande". Un esposo dijo: "La
sexualidad ha sido siempre una parte importante de nuestro
matrimonio. Tuvimos que trabajar duro en los primeros años
para entender las diferencias entre hombres y mujeres. Pero en

la segunda mitad estamos cosechando los frutos de ese esfuerzo temprano". Otro esposo confesó: "Tendré que admitir que esto siempre ha sido una lucha para nosotros, y en la segunda mitad seguimos luchando". Hay muchas diferencias entre parejas respecto a considerar el sexo en términos positivos o negativos, o algo inexistente en su relación.

Creemos que para el cristiano, la parte sexual del matrimonio es extremadamente importante. La Biblia habla claramente acerca del tema de la sexualidad humana. En el relato de la creación, Dios dijo: "No es bueno que Adán esté solo". La respuesta de Dios frente a la soledad de Adán fue crear a Eva, la institución del matrimonio, y luego Él dijo: "Los dos serán una sola carne". Casi todos los comentaristas están de acuerdo en que el término "una sola carne" hace referencia a la relación sexual. Algo sucede en la relación sexual que no sucede en ninguna otra esfera de la vida. No se trata simplemente de la unión de dos cuerpos (eso sucede incluso con un apretón de manos). La experiencia sexual une al esposo y la esposa en la más profunda intimidad a nivel intelectual, emocional, social, espiritual, y físico. Es lo contrario de estar "solo". Por eso, Dios reservó el acto sexual para el matrimonio. No es una actividad recreativa entre los sexos. Es la expresión única de nuestro amor y compromiso mutuos.

Con frecuencia nos preguntan: "Si el sexo es tan importante en el matrimonio, ¿por qué nos hizo Dios tan diferentes? ¿Por qué los hombres se estimulan visualmente y las mujeres mucho más con palabras amables y actos de amor? ¿Por qué los hombres suelen querer más sexo que sus esposas?". Nosotros pensamos que estas y otras diferencias existen porque Dios planeó el sexo como un acto de amor en el cual cada cónyuge busca complacer al otro. Por eso la satisfacción sexual mutua no sucede de manera automática. Tal vez por eso Dios dijo a Israel en tiempos antiguos: "Dediquen un año a su luna de miel y aprendan a complacerse mutuamente". Si nos conformamos con casarnos y hacer lo que ocurre naturalmente, es probable que no hallemos satisfacción sexual mutua. Si lo asumimos como un acto de amor en el cual nuestra actitud es "cómo puedo complacerte", encontraremos la satisfacción mutua.

> **Algo sucede en la relación sexual que no sucede en ninguna otra esfera de la vida.**

Con frecuencia, muchas parejas que luchan con esto en la segunda mitad de su matrimonio, también han tenido dificultades en la primera mitad. La buena noticia es que nunca es demasiado tarde para aprender. Para muchas parejas, la segunda mitad es más satisfactoria que la primera. Han aprendido a comunicarse más abiertamente, han leído más libros, han asistido a clases de crecimiento matrimonial, y leyendo su Biblia han descubierto que Dios es un gran partidario del sexo en el contexto del matrimonio.

Dios nunca planeó que el sexo se almacenara después de veinte años de matrimonio. Somos criaturas sexuales toda la vida, y debemos relacionarnos sexualmente con el otro a lo largo de ella. Es indiscutible que nuestro cuerpo cambia con el paso de los años. La enfermedad nos puede afectar sexualmente, al igual que los medicamentos. Pero sin importar nuestras limitaciones, debemos seguir buscando tener contacto sexual con nuestra pareja. Debemos procurar complacer al otro cuando compartimos este aspecto íntimo de nuestro matrimonio.

Sin embargo, ¿cómo mantenemos viva nuestra relación sexual cuando experimentamos los cambios físicos que ocurren con la edad? Empecemos por reconocer que la actitud es extremadamente importante. Una actitud positiva y una disposición a una comunicación abierta de los pensamientos y sentimientos conforme experimentamos los cambios en la vida son el camino que conduce a la intimidad sexual continua. Si, por el contrario, elegimos pensar que el sexo es para los años de juventud y el amor para los años posteriores, nos privaremos a nosotros mismos y a nuestra pareja de la intimidad sexual. Veamos algunos cambios comunes que tienen lugar en nuestro cuerpo conforme envejecemos.

MENOPAUSIA

La edad no es lo único que limita nuestro deseo o placer sexual. No obstante, la menopausia produce cambios físicos que afectan la sexualidad de la mujer. El tiempo en que sucede es diferente en cada mujer. Puede suceder en cualquier momento entre los treinta y cinco y los setenta años, pero normalmente al final de los cuarenta o principio de los cincuenta.

La menopausia es el cese literal de la menstruación. Esto es el resultado de una disminución en la producción de hormonas en los ovarios, específicamente de estrógeno y progesterona. La disminución de estrógeno es la causa principal de la mayoría de los cambios físicos asociados con la menopausia. Estos cambios incluyen los sistemas cardiovascular, urogenital, dermatológico, óseo, y neurológico. Los sofocos son una señal evidente para la mujer y su pareja, de otros cambios de la edad. Quizá lo que más interfiere con la intimidad sexual de la pareja son los cambios en el sistema urogenital o reproductivo. Estos cambios pueden variar desde una sequedad vaginal seria, la incontinencia urinaria, hasta el dolor coital. De repente, la mujer puede perder interés en la intimidad sexual debido a la incomodidad o el dolor intenso. Los cambios físicos pueden repentinamente derivar en problemas indeseados en la relación. Un esposo frustrado puede ahora fijarse en una mujer más joven (y con más estrógenos) y tomar malas decisiones con consecuencias a largo plazo. Es imposible exagerar la importancia de la comunicación durante los cambios de la menopausia.

La menopausia no tiene que marcar el fin de la intimidad sexual. Hay opciones médicas para contrarrestar la disminución de estrógenos. Existen cremas de uso externo, o cápsulas que se insertan en la vagina para restaurar la salud de los tejidos. Los estudios de estos productos evidencian su eficacia elevada, con hasta el 93 por ciento de las mujeres que reportan una mejoría considerable. Entre el 57 y el 75 por ciento de las entrevistadas reportan que han recuperado el bienestar sexual.[7] O, si prefieres no usar estrógenos, considera la posibilidad de utilizar productos diseñados para aumentar la comodidad en el acto sexual. Los productos humectantes proveen alivio de la sequedad vaginal hasta por cuatro días, haciendo el coito menos doloroso. Sin embargo, no curan la causa subyacente de la sequedad vaginal. La forma sabia de abordar el problema es hablar con tu médico acerca de las opciones disponibles. En nuestra opinión, lo peor que puedes hacer es simplemente dejar de tener sexo. Es muy probable que hablar abiertamente con tu pareja y con tu médico te permita continuar con una vida sexual sana.

La actitud de algunas mujeres frente a los cambios en el cuerpo propios de la menopausia es que son sencillamente la señal de que es una etapa en la vida para dejar de tener relaciones sexuales. Por eso son reticentes a buscar soluciones médicas que podrían ayudarles. Nos parece interesante que esas mujeres no apliquen la misma clase de lógica a otras señales de envejecimiento del cuerpo. Por ejemplo, no tienen problema en conseguir lentes cuando empieza a fallar la vista, o a someterse a una cirugía para remover cataratas para poder ver mejor. ¿Por qué aceptamos los beneficios de la medicina moderna para algunos aspectos de nuestro cuerpo, pero renuentes a hacerlo cuando se trata de los órganos sexuales?

---

7. www.healthywomen.org/content/article/sex-after-50, 2.

ANDROPAUSIA

La andropausia, llamada también "menopausia masculina" o síndrome de envejecimiento masculino (AMS por su sigla en inglés), ocurre más o menos al mismo tiempo que las mujeres experimentan la menopausia: entre los treinta y cinco y los setenta años, pero más comúnmente a principios de los cincuenta. El comienzo de la andropausia se estimula por la disminución en los niveles hormonales, en este caso la testosterona, la hormona masculina. La disminución de la testosterona es más gradual en el hombre que la caída repentina de los niveles de estrógeno en las mujeres que experimentan la menopausia. Aunque los niveles hormonales decrecen gradualmente, con el tiempo producen efectos físicos palpables tales como la pérdida de energía, la disminución del impulso sexual, la falta de fuerza y resistencia, los cambios de humor, y erecciones menos fuertes. Muchos hombres continúan con una relación sexual saludable y amorosa con sus esposas en sus sesenta, setenta, y ochenta.

Según lo que dirían las campañas publicitarias de televisión, cualquiera pensaría que todos los hombres mayores de cincuenta tienen disfunción eréctil. Pero eso no es cierto. Técnicamente, la disfunción eréctil significa que el hombre no puede obtener una erección medianamente firme después de una prolongada estimulación sexual. Muchos hombres sufren de lo que se denomina insatisfacción eréctil. Sus erecciones no son tan firmes y rápidas como han experimentado en su juventud, y se preocupan. El hecho es que las erecciones sí cambian con la disminución de los niveles de testosterona. Para algunos hombres, el proceso es gradual; para otros sucede más rápidamente. Las erecciones requieren más estimulación física, pueden ser más lentas, y no ser tan firmes como cuando los hombres están en sus treinta o cuarenta. Esto no significa que tengan disfunción eréctil. Son cambios normales e inevitables. Sin embargo, algunos factores del estilo de vida pueden posponer o incluso revertir temporalmente dichos cambios. Algunas medidas como ponerse en buena forma física, eliminar el alcohol y el abuso de medicamentos, dejar de fumar, hacer el amor temprano en la mañana cuando los niveles de energía son mayores, evitar el exceso de estrés en otras áreas de la vida, desarrollar una relación más positiva con su pareja, entre otras, tienden a minimizar los cambios que ocurren en tu cuerpo.[8]

> **Cuando una esposa se siente amada por su esposo, y el esposo se siente amado por su esposa, se favorece un clima emocional en el que los dos pueden complacerse mutuamente en lo sexual, sin importar las limitaciones que tengan.**

El hecho de que la respuesta sexual del hombre se tarde más, en realidad puede mejorar el acto sexual. Las parejas jóvenes suelen tener problemas porque el hombre joven se excita mucho más rápido que la mujer. Los hombres jóvenes alcanzan a menudo el clímax antes de que sus esposas hayan empezado siquiera a excitarse. Así, la disminución en los niveles de testosterona que desacelera el proceso de excitación sexual del esposo que permite un ritmo más cercano al de ella, se convierte en una ventaja. Un ritmo menos acelerado les da más tiempo para besarse, consentirse, y otros toques afectuosos, lo cual es importante para el disfrute sexual de la esposa.

Algunos esposos que no reconocen la diferencia entre la disfunción eréctil y la insatisfacción eréctil, a menudo buscan medicamentos que han visto en comerciales de televisión,

---

8. www.psychologytoday.com/blog/all-about-sex/201205/erection-changes
-after-50.

pensando que así van a recuperar el vigor de la juventud. La mayoría terminan tristemente decepcionados. Vale la pena intentar probar dichos medicamentos cuando se sufre realmente de disfunción eréctil, pero no se deben esperar milagros. Estos medicamentos mejoran la erección en dos tercios de quienes los consumen. Aun cuando funcionan, no devuelven la juventud. Es importante notar que estos medicamentos no tienen efecto alguno sobre la excitación, de modo que pueden producir erecciones, pero no aumentar el interés en el sexo. Muchos hombres se sienten decepcionados con los resultados, y menos de la mitad vuelven a ordenar el medicamento.

Entonces, ¿qué debe hacer un hombre que sufre impotencia y no puede tener o mantener una erección lo suficiente para el coito? El problema se puede complicar si a su esposa que ya ha pasado la menopausia le resulta doloroso, aun después de probar soluciones médicas. La mayoría de los hombres dan por sentado que la erección es necesaria para el sexo. La realidad es que las parejas pueden tener excelente sexo sin coito. En esta etapa de la vida es cuando las parejas que tienen una relación saludable aprenden a darse placer sexual mutuamente besándose, acariciándose, mimándose, masajeándose, y mediante otros toques estimulantes. En ese ambiente amoroso todavía la esposa puede experimentar orgasmos y el esposo puede alcanzar el clímax, y ambos pueden ser tan intensos y significativos como el coito mismo.

La satisfacción sexual mutua no termina cuando se envejece. Muchas veces, los problemas asociados con el sexo en la segunda mitad del matrimonio no se deben a niveles inferiores de estrógeno y testosterona, sino más bien a la calidad de la relación entre el esposo y la esposa. El sexo nunca fue diseñado como algo separado del resto de la vida. Por eso, entender el lenguaje principal del amor de tu pareja y hablarlo diariamente puede mantener vivo el amor emocional en tu relación durante toda la vida. Cuando una esposa se siente amada por su esposo, y el esposo se siente amado por su esposa, se favorece un clima emocional en el que los dos pueden complacerse mutuamente en lo sexual, sin importar las limitaciones que tengan.

Recordemos los cinco lenguajes del amor que presentamos en el capítulo 2: palabras de afirmación, actos de servicio, regalos, tiempo de calidad, y contacto físico. Si todavía no han descubierto como pareja el lenguaje del amor del otro, les recomendamos especialmente que lean *Los 5 lenguajes del amor: El secreto del amor duradero*, y los animamos a realizar el cuestionario para determinar su perfil en www.5lovelanguages.com (recurso disponible solo en inglés). Mejorar la calidad de su conexión emocional aumenta la posibilidad de mejorar su relación sexual.

La comunicación que conduce al entendimiento, y el amor que motiva al cónyuge a estar abierto al cambio, son esenciales para encontrar la satisfacción sexual como pareja en la segunda mitad del matrimonio. A continuación presentamos algunas preguntas que sugerimos a las parejas.

¿Qué podemos hacer para mejorar nuestra relación sexual?

¿Qué te gustaría que yo hiciera, o dejara de hacer, para que disfrutes más de nuestra relación sexual?

Si pudiera cambiar algo para mejorar nuestra relación sexual, ¿qué sería?

En la tarea siguiente enumeramos algunas de las respuestas que recibimos a la segunda pregunta. Te animamos a leer lo que otras parejas han dicho, marcar aquellas que quisieras discutir con tu pareja, añadir cualquier otro comentario que te parezca pertinente, y luego sentarse juntos a intercambiar sus opiniones acerca de aquello que les gustaría que su cónyuge hiciera o dejara de hacer, para mejorar la relación sexual. Recuerda que el cónyuge es el experto en todo lo relacionado consigo mismo. Considera con toda seriedad sus peticiones.

LO QUE LAS ESPOSAS DESEAN QUE SUS ESPOSOS HAGAN O DEJEN DE HACER PARA MEJORAR LA RELACIÓN SEXUAL

1. Desearía que cuidara más su cuerpo para que yo me sintiera más atraída físicamente hacia él.
2. Desearía que él supiera que todo lo que hace a lo largo de un día afecta el sexo de la noche.
3. Desearía que dedicara tiempo a escucharme sin interferencia de la computadora, la radio o la televisión.
4. Desearía que me escuchara sin criticar mis pensamientos o sentimientos.
5. Desearía que me tocara cuando no quiere tener sexo. Dar abrazos y besos en el día a día aumentaría mi interés en el sexo.
6. Desearía que me dijera que está orgulloso de mí y que se alegra de que yo sea su esposa.
7. Desearía que tuviéramos citas románticas con regularidad, sin preocuparnos por el costo y simplemente probando cosas nuevas juntos.
8. Desearía que él se diera cuenta de que la forma como actúa después del trabajo, o cuando estamos juntos en la noche (malgeniado, impaciente, irritable) determina el tono de la noche, y que yo no tengo un botón que desconecte todo eso y repentinamente yo sienta deseos de tener sexo con él.
9. Desearía que mi esposo recordara que el coito es doloroso para mí (he pasado ya por la menopausia). Quiero complacerlo porque lo amo mucho.

10. Desearía que él entendiera que mi falta de interés no tiene nada que ver con él. Tiene todo que ver con mi falta de tiempo, de energía, y mi nivel de estrés.

11. Desearía que cultiváramos juntos nuestra relación espiritual.

12. Desearía que mi esposo buscara ayuda para su impotencia. Ha sido un problema durante años.

LO QUE LOS ESPOSOS DESEAN QUE SUS ESPOSAS HAGAN O DEJEN DE HACER PARA MEJORAR LA RELACIÓN SEXUAL

1. Desearía que siguiéramos juntos un programa de ejercicio físico.

2. Desearía que mi esposa tomara la iniciativa para tener sexo con más frecuencia. Lo disfruto muchísimo más cuando ella es activa y toma la iniciativa.

3. Desearía que ella hablara más abiertamente acerca de esta parte de nuestro matrimonio.

4. Desearía más variedad en nuestra relación sexual, y que sucediera con más frecuencia.

5. Desearía que tuviéramos sexo más de una vez al año. Quisiera que su mente se enfocara en mí en lugar de su familia (sus padres). Tal vez cuando ellos mueran, podamos tener sexo.

6. Desearía que mi esposa lo viera más como una experiencia mutua. Parece más y más un asunto de satisfacer mis necesidades que de una experiencia emocionante para los dos.

7. Desearía que ella se liberara de las experiencias pasadas y disfrutara nuestra relación sexual.

8. Desearía que mi esposa buscara ayuda médica para un problema físico que tiene y que hace doloroso para ella tener sexo. Me siento frustrado y no sé por qué no busca ayuda.

9. Con los años su armario de ropa íntima se ha llenado más y más, pero se utiliza cada vez menos. Ella es hermosa y yo disfrutaría mucho verla abrir su armario con más frecuencia.

10. Desearía que se mantuviera despierta mientras hacemos el amor. Su placer es tan importante como el mío, y no me resulta divertido hacer el amor a alguien que ni siquiera está consciente.

11. Desearía que mi esposa me permitiera complacerla sexualmente. Ella tiene, en general, la actitud de que el sexo es "sucio". Yo sé que ella sufrió abuso sexual en la infancia, pero se niega a buscar ayuda.

12. Desearía que ella me diera sugerencias acerca de qué hace la experiencia sexual más placentera para ella.

6

¿No preocuparnos?

Una cosa es la ansiedad. Otra, la preocupación. Y otra, el miedo crudo y cruel. Y todos son visitantes frecuentes en nuestra vida, por lo general en medio de la noche. *¿Tendré una recaída del cáncer? ¿Podremos seguir pagando nuestra casa? ¿Qué sucederá con nuestro hijo con limitaciones? ¿Qué ruido es ese?*

Muchos de los que vivimos la segunda mitad del matrimonio encontramos muchas razones para estar felices. No estamos solos. Tenemos una pareja. Hemos soportado pérdidas grandes y sabemos que somos sobrevivientes. Tenemos alimento, abrigo, familia, y amigos. Al menos en cierto grado entendemos las nuevas investigaciones según las cuales la gente es más feliz a medida que envejece.

Bueno, hasta cierto punto. Una pareja dijo: "En la primera mitad del matrimonio nos estresamos por pagar un auto, una casa, y la crianza de los hijos, pero no teníamos miedo. Ahora tenemos miedo respecto a nuestros niveles de energía, la escasez financiera, la pérdida de la salud o de nuestra capacidad mental".

La deuda entre los estadounidenses mayores de cincuenta y cinco años sigue en aumento. Como hemos visto, muchas parejas han sufrido a causa de los recortes de personal en las empresas, mientras otros se preguntan si podrán conservar su empleo.

Entre los jubilados, una pareja dijo: "Es increíble lo costoso que es el seguro de salud, todos los recargos y copagos. Ahorramos toda la vida, pero a menos que logremos morir más temprano que tarde, se nos acabará el dinero". Pero sin importar su edad, a partir de los cincuenta, estas parejas reconocieron su aprecio mutuo y un sentido de bienestar general. Uno dijo: "Somos conscientes de lo que podría pasar, pero tratamos de vivir el presente, con gratitud por todo lo bueno".

Eso no es siempre fácil.

Como criaturas susceptibles a la enfermedad, los accidentes, las crisis emocionales, y otros males, tenemos más que suficiente para preocuparnos. Es la condición humana. Por desdicha, nuestra cultura agrava nuestras ansiedades, inundándonos con información inquietante, imágenes gráficas de cosas terribles que suceden en el mundo. Amy Simpson, en su libro *Anxious*, informa que muchos de nosotros estamos "agitados con tanta preocupación. La preocupación es parte de nuestra cultura". Ella descubrió que "el futuro incierto" es la fuente número uno de preocupación.

"ES POSIBLE SENTIRSE CULPABLE POR PREOCUPARSE"

Aquí es donde la fe entra en acción.

Jesús dio grandes lecciones acerca de la preocupación, y las impartió a sus amigos más cercanos. De hecho, sus declaraciones son tan prácticas que concuerdan con los mejores estudios actuales sobre el comportamiento.

Después de advertirles acerca de la avaricia, Jesús les contó la historia de un rico granjero que confiaba en jubilarse lleno de lujos y comodidades, al que llamó un necio. La muerte, después de todo, sobreviene incluso a quienes tienen opulentos planes de jubilación. Luego se dirigió a sus amigos y les dio este sensato consejo: "No se preocupen por la vida diaria, si tendrán suficiente alimento y bebida, o suficiente ropa para vestirse. ¿Acaso no es la vida más que la comida y el cuerpo más que la ropa?" (NTV).

Jesús preguntó: "¿Acaso con todas sus preocupaciones pueden añadir un solo momento a su vida?".

> **"A menos que logremos morir más temprano que tarde, se nos acabará el dinero".**

La verdad es que todos sabemos que preocuparse puede producir lo contrario: restar momentos a nuestra vida, liberando proteínas inflamatorias y comprometiendo nuestro sistema inmunológico.

Después de exhortar a sus discípulos a considerar a los pájaros, que no viven preocupados, Jesús reveló su consejo espiritual y psicológico: "No se preocupen por el mañana, porque el día de mañana traerá sus propias preocupaciones. Los problemas del día de hoy son suficientes por hoy" (NTV).

¡Cuán cierto es esto! De hecho, las preocupaciones diarias pueden ser más que suficiente. "Es difícil NO preocuparse por el futuro incierto —dice Laura—. He sobrevivido al cáncer, y hasta ahora voy bien, pero ¿quién sabe lo que pasará en los próximos años? Mi esposo tiene problemas en la espalda. ¿Qué pasará si queda paralítico? Nadie sabe cuánto tiempo va a vivir, ni qué calidad de vida va a tener. No sabes si tu dinero se acabará. Hemos considerado la posibilidad de mudarnos cerca de nuestros hijos, pero no estamos seguros acerca de dónde vivir. Hay muchas incertidumbres en esta etapa, especialmente cuando estás en los sesenta y miras hacia el futuro. Es peor cuando tienes mucha imaginación, ¡como yo! Al mismo tiempo, es posible sentirse culpable por preocuparse porque, al final del día, hay que confiar en Dios que es dueño del futuro".

PREOCUPARSE Y ORAR

Como Laura, y todos nosotros, hemos experimentado, no podemos evitar pensar en el futuro. De hecho, es saludable pensar en el futuro. Esos pensamientos deben llevarnos a planificar el futuro. Es difícil pensar al respecto, pero una realidad para todos es la muerte. Yo (Gary) dije una vez a mi hija, que es médico: "Si algo me sucede...". Ella contestó: "No, papá, no digas 'si' sino 'cuando'". Yo respondí: "Tienes razón, cuando muera...".

> No podemos controlar todos los sucesos que sobrevendrán en el futuro. Debemos confiar en que Dios nos dará la gracia y la sabiduría para enfrentarlos cuando vengan.

La realidad de la muerte debe llevarnos a prepararnos para ella, en lo espiritual y lo financiero. ¿Dónde vas a ser enterrado, y cómo pagará tu cónyuge los gastos?

Pensar acerca del futuro debe llevarnos a tomar pasos constructivos para prepararlo. Pero los buenos planes no son suficientes. También debemos confiar en Dios. No podemos controlar todos los sucesos que sobrevendrán en el futuro. Debemos confiar en que Dios nos dará la gracia y la sabiduría para enfrentarlos cuando vengan.

Todos hemos escuchado a alguien decir: "No sé cómo voy a soportar vivir si mi cónyuge muere". Esta actitud se enfoca más en la pérdida que en Dios. No necesitamos gracia para enfrentar la muerte de un cónyuge hasta que eso suceda. Dios estará allí ese día, tal como está contigo hoy. Una vez escuché a un pastor decir: "Dios no da 'gracia para morir' en días en los que no hay muerte". Confiar en Dios es el antídoto contra la preocupación.

La preocupación es un enemigo. La preocupación es nuestra respuesta mental frente a lo que "podría" suceder. La palabra *preocupación* significa "estar destrozado". La preocupación es diferente a mostrar interés. El interés conduce a la acción. La preocupación conduce a la desesperanza. Como cristianos tenemos el reto de no preocuparnos sino orar. La preocupación se enfoca en la situación y en lo que podría suceder. La oración se enfoca en Dios y en su poder para ayudarnos.

Una persona que realmente comprendió este mensaje fue el famoso físico Sir William Osler, quien comunicó sus ideas en la Universidad de Yale en 1871. Él instó a los estudiantes a empezar sus días con la oración de Cristo: "El pan nuestro *de cada día*, dánoslo hoy".

Osler explicó que viajó una vez en transatlántico y el capitán podía ordenar que varias partes de la embarcación se separaran de otras en compartimentos herméticos. Esto tocó un punto sensible del ocupado físico. Osler tomó la determinación de cultivar el hábito de vivir "en compartimentos de un solo día", y en su discurso aconsejó a los estudiantes a vivir cada día sin la preocupación del pasado o del presente.

Su discurso ha sido citado con mucha frecuencia, y a muchos les parece útil su ejemplo comparativo: vivir en compartimentos de un solo día. Hay que ocuparse en los preparativos para el futuro, pero solo como parte de las tareas del día.

Más ideas: *Reconoce el poder de tus pensamientos*.

La capacidad de la mente es asombrosa. Por ejemplo, cuando te sientes decaído, haz el esfuerzo de sonreír. Ese gesto cambia la química de tu cuerpo. ¡Pruébalo! Pablo el apóstol también escribe acerca del poder de los pensamientos positivos como un antídoto contra la preocupación (Fil. 4:8).

Acepta la realidad.

Algunas cosas parecen imposibles de aceptar. Pero amargarse por ellas, vivir en negación o enojo crea disonancia. Debemos aceptar la realidad.

Decide qué acción puedes emprender. "Parte del problema con la preocupación es que es tan improductiva", dice un amigo nuestro. No podemos cambiar el futuro. Pero quizá podemos hacer algo para mejorar la situación. No hay nada peor que sentirse paralizado. Incluso un pequeño paso adelante es mejor que ninguno.

Considera lo que dijo Mark Twain. El escritor dijo que había tenido muchos problemas en su vida, pero la mayoría nunca sucedieron. Podemos mentalmente pintar escenarios de todas las cosas malas que pueden ocurrirnos, pero solo unas pocas en realidad sucederán.

No te des tan duro. A veces nos resulta imposible superar nuestras malas decisiones, o las oportunidades perdidas. Sin embargo, entre más nos enfoquemos en el pasado, menos tiempo tendremos para construir un futuro mejor. Acepta lo que pasó y lo que es, y deja de lamentarte.

Y una vez más... ora. Un esposo nos dijo que gozaba de un gran éxito en su vida de oración, y que esto había aliviado sus preocupaciones. Esto fue lo que dijo:

Mi esposa y yo tenemos muchas preocupaciones por nuestros hijos, nietos, y finanzas. Además, las banalidades y tonterías de la televisión, mi teléfono, y las revistas se mezclan en mi cerebro con todas las noticias terribles. Pero he probado algo en mi vida de oración que ha funcionado. Es algo sencillo, y que neutraliza mi inquietud y temor en cualquier momento del día.

Pienso en una persona, digamos que Miguel, y simplemente oro: "Bendice a Miguel". Eso y nada más. Uno a la vez, empezando con mi esposa y mi familia, y dejo que los rostros y los nombres fluyan por mi mente, y para cada uno de ellos simplemente oro: "Bendice a Jaime, bendice a Mario", y así con muchos más.

Una vez leí un libro acerca del poder de la bendición de un padre sobre su hijo. El hijo percibe el amor y adquiere un sentido de identidad. La palabra "bendecir" es poderosa. Cuando oro usando esas dos palabras de bendición y el nombre de cada persona, imaginando su rostro, recuerdo el Padre nuestro cuando pedimos que se haga la voluntad de Dios en la tierra como en el cielo.

Siento que ocurre un cambio químico cuando pido a Dios que bendiga a mis seres queridos, y a personas que tienen una vida desastrosa, o personas que me han hecho daño. "Bendice" significa que le pido a Dios que derrame su unción de amor y redención sobre esa persona. A medida que oro por cada nombre, uno después del otro, esas noticias y seducciones se desvanecen. Le pido a Dios que traiga el cielo y su amor santo sobre estas personas. Mis propios problemas parecen menos preocupantes.

Yo no puedo arreglar este mundo ni todos nuestros problemas, pero cuando oro de esa manera, declaro que estoy confiando en Dios para lo que realmente importa: las personas. Puesto que dejo a mi mente rememorar a cada persona cuando oro, me doy cuenta de que en poco tiempo he orado por muchas personas, algunas de las cuales no he visto en años. Esto me ha motivado a contactar algunas a las que he querido evitar.

Así es, la oración sincera es un ministerio para otros, y mantiene nuestros ojos puestos en Dios en lugar de las circunstancias.

Cuenta la historia de J. C. Penney, el fundador de la cadena de almacenes que lleva su nombre, que después del colapso financiero de 1929, estaba tan preocupado que no podía dormir. "Tenía los nervios destrozados, estaba agotado físicamente, totalmente desesperado". Una noche se despertó convencido de que era la última noche de su vida. Salió de su cama para escribir cartas a su esposa y su hijo, confesándoles que no esperaba ver la luz del día.

La mañana siguiente, se despertó vivo. "Escuché cantos en una pequeña capilla donde se realizaban ejercicios devocionales cada mañana. Las voces cantaban: 'Dios cuidará de ti'".

El efecto que esto produjo sobre él fue profundo: "Escuché con pesadez de corazón esos cantos, la lectura de las Escrituras, y la oración. De repente, algo sucedió. No puedo explicarlo. Solo podría llamarlo un milagro. Sentí como si en un instante se levantaran las tinieblas del calabozo y todo fue lleno de una luz cálida y resplandeciente. Sentí el poder de Dios como nunca antes lo había experimentado. Supe que el amor de Dios estaba allí para ayudarme. A partir de ese día, mi vida ha estado libre de la preocupación. Tengo setenta y un años, y los veinte minutos más dramáticos y gloriosos de mi vida fueron aquellos que pasé en esa capilla esa mañana: 'Dios cuidará de ti'".

APLICACIÓN PERSONAL

Filipenses 4:8: "No se preocupen por nada; en cambio, oren por todo. Díganle a Dios lo que necesitan y denle gracias por todo lo que él ha hecho. Así experimentarán la paz de Dios, que supera todo lo que podemos entender. La paz de Dios cuidará su corazón y su mente mientras vivan en Cristo Jesús".

Cuando ponemos nuestras preocupaciones en las manos de Dios, ya no hay necesidad de preocuparse.

1. ¿Cuáles son tus preocupaciones más frecuentes?

2. ¿Qué podrías hacer para manejar tus inquietudes? Si es así, prueba ponerlo en práctica.

3. En los versículos citados se nos insta a orar, a presentar a Dios nuestras peticiones, y luego a darle gracias porque nos ama, y a pedirle que nos ayude con lo que sea que suceda. Ponemos nuestras preocupaciones en sus manos y confiamos en Él. El resultado es paz, que es lo contrario a la preocupación.

4. Si te sientes abrumado y sin esperanza, tal vez lo único que puedes hacer después de orar es hablar acerca de tu dolor con un amigo de confianza, un pastor, o un consejero. Muchas veces, Dios se sirve de otras personas.

Joni y Ken Tada

"CONOCER AL OTRO COMO LA PALMA DE NUESTRA MANO"

JONI EARECKSON TADA *es una mujer conocida por sus poderosas reflexiones acerca del sufrimiento, su talento artístico, y su ministerio mundial "Joni y sus amigos". Pero también ha escrito ampliamente acerca del matrimonio, específicamente sus treinta y cuatro años de matrimonio con su esposo (y compañero de ministerio), Ken. Su último libro,* Joni y Ken, *reflexiona acerca de esos años de "unión lograda con mucho trabajo". Ella nos compartió algunos consejos, y sus alegrías.*

Has dicho que vivimos en una sociedad que no sabe qué hacer con el sufrimiento, que tratamos de evitarlo, y que "el matrimonio solo lo empeora". ¿Qué puede fortalecer un matrimonio en tiempos de sufrimiento?

Cuando el sufrimiento entierra sus mandíbulas en tu matrimonio, azotándolo con violencia, es lo único que puedes hacer para mantenerte. Pero, si puedes aferrarte a tus votos y a Cristo en el peor momento, cargado de emociones violentas o circunstancias desgarradoras, tu matrimonio se hará más fuerte. Aferrarse es echar mano a esas "disciplinas" que, en el pasado, los han sacado adelante en tiempos difíciles: orar por el otro, y permanecer en la Palabra.

En cualquier circunstancia, *oren*. Cada vez que Ken tiene un bajón, o anda por la casa con alguna amargura, yo me hago a un lado y en privado oro por él. Ruego ante el trono por él, pidiendo a Dios que recuerde a su siervo, que derrame su gracia sobre él, que le ayude a derrotar el pecado, que abra sus ojos a lo que Él ve, que aplique cada beneficio de la resurrección a mi esposo, y más. Es asombroso. Mi esposo responde muy, muy, muy bien a la oración.

En la carátula de tu libro de 1986, *Choices/Changes*, tú y Ken están mirando la cámara muy felices, como dos jóvenes recién casados. Tu nuevo libro los muestra completamente diferentes, como dos veteranos experimentados, y valientes sobrevivientes.

Cuando piensas en estas fotografías, ¿qué viene a tu mente y a tu espíritu?

¡Qué observación tan reveladora! He pensado lo mismo de esas carátulas. Nunca, nunca quisiera volver a esa etapa juvenil, idealista y romántica de nuestro matrimonio. ¡Oh, cuánto, cuánto preferimos Ken y yo esta etapa!: conocernos como la palma de nuestra mano, preferir su tranquila compañía en lugar de cualquier afán estridente; disfrutar del consuelo absoluto de su amistad, reconocer cada marca dolorosa en nuestros cinturones raspados y arañados como evidencia de nuestro acercamiento a Dios y al otro; y, tener en el otro un hogar. Mi hogar es donde está Ken. Y para él, yo soy su hogar.

Te has referido a la necesidad de "una unión con tu cónyuge que es luchada y es fruto del trabajo arduo". Además, subrayas: "por favor, ora por tu cónyuge. Sin lugar a dudas, es mejor que cualquier manual matrimonial". ¿Qué te lleva a afirmar esto?

Hay temporadas en las que no te agrada la persona con quien te casaste. Despreciarás su pereza y las largas horas que pasa en el sofá hojeando revistas, o su costumbre de acumular cosas, de eructar y su afición por andar *a todas partes* en playeras. Te fastidiará ese tono de voz enérgico y entusiasta que utiliza al hablar con sus amigos, mientras a ti te responde con un débil "sí", "como sea", y un esporádico gruñido. En esas temporadas, recuerda que *no hay una persona más importante en el mundo que él*: ninguna amiga, ningún consejero, ningún colega, ningún padre espiritual, ningún vecino, ningún pariente, ni siquiera tu padre y tu madre son tan importantes como esta persona. De todas las cosas por las que la gente ora, *esta persona* ocupa el primer lugar en la lista. Él es a quien prometiste amar en las buenas y en las malas. Tienes la obligación solemne de involucrarte en la santificación de tu cónyuge por medio de la oración. Él es a quien Dios puso en tu vida para que ores por él, lo animes, defiendas, alientes, aprecies, y aplaudas. ¡Amarlo a él de ese modo incluso beneficia *tu alma en gran medida*!

A muchos les parece admirable que puedas alabar y estar agradecida teniendo en cuenta que has experimentado sufrimiento extremo. ¿Cómo ha afectado tu matrimonio este sentido de gratitud?

No somos por naturaleza seres agradecidos. Y estoy segura de que por ello Dios nos recuerda una y otra vez que seamos agradecidos. Puede que no nos sintamos inclinados a agradecer a nuestro cónyuge por algunas cosas, porque estamos demasiado ocupados monitoreando su mal comportamiento (¿Se ha ganado mi gratitud? ¿Ha hecho algo últimamente que merezca mi gratitud?). Pero vamos, en serio, es indudable que existe "alguna pequeña cualidad rescatable" en tu cónyuge, algún pequeño rasgo característico de Cristo que puedas alentar, ¡y puedes animarlo con palabras de gratitud! (No me refiero a halagos vanos para manipular, sino a animar algún atributo cristiano). Cuando expresas gratitud y aprecio, estás colaborando con el Espíritu Santo para que en el otro "crezcan" atributos piadosos y admirables. Entonces, si no tienes un espíritu de gratitud, empieza a trabajar en ello. Conforme lo haces, puede que la persona a quien Dios cambie en tu matrimonio sean los dos.

Cuando te diagnosticaron cáncer, dijiste a Ken que creías que eso sucedía "con un gran propósito" y que "Dios debe tener un plan". Con todo lo que tú y Ken han soportado a lo largo de los años, ¿cómo han visto "propósito" en su matrimonio?

Una de las cualidades más reveladoras del sufrimiento es su capacidad para refinar: pulir, moldear, perfeccionar (suponiendo que nos humillamos y nos rendimos a sus propósitos). La aflicción, el dolor físico, la pérdida, y las experiencias de muerte cercana eliminan lo que hay de superficial y frívolo en un matrimonio, y nos deja a veces diezmados. Pero reducidos a lo fundamental, Ken y yo hemos reconocido más fácilmente lo esencial. Nuestro propósito es honrar a Dios guardando nuestros votos. Queremos ser una pareja que sea un ejemplo de lo que significa someterse y rendirse, liderar y guiar, confesar y perdonar, escuchar y hablar, trabajar y jugar, cuidar y corregir, y todo verbo de acción que contribuya al gozo y la riqueza de la vida. Nuestra meta en el matrimonio es procurar ser el mejor amigo del otro, aquel a quien el otro elige, prefiere, privilegia, de quien se siente orgulloso y presume, a quien defiende, con quien se acuesta en la noche, con quien se siente seguro y tranquilo. No hay *nada* más dulce en el mundo.

Un capítulo en tu libro se titula "No se trata de nosotros". ¿Qué quieres decir con eso?

Para ser sincera, queremos terminar bien. No quiero hacer algo en nuestro matrimonio que avergüence a Jesús, o que lo haga ver mal, que lo desprestigie o le desagrade. Hay una *gran* diferencia entre lo que harías por naturaleza (como quejarte de tu cónyuge) *y* lo que harías por la gracia de Dios (como morderte tu lengua para no quejarte y más bien orar por él). Esa diferencia es la gloria de Dios. Esa diferencia, esa "brecha" entre quejarse y preferir *no* quejarse, ¡hace ver a Dios como un rey!

¿Son ustedes opuestos?

Sí, somos opuestos. Pero ambos somos deportistas competitivos. Nada es más divertido que estar con Ken en frente de un televisor de alta definición para ver competencias deportivas, un tazón de tacos y salsa Ortega. También me encanta cuando mi esposo se parte de la risa y al final termina riendo de sí mismo. Su humor simple antes me molestaba, pero ya no. Tenemos un Minion japonés en nuestro refrigerador con un wok en la mano, una mueca loca, dientes de conejo, y demás. Algo como esto me habría puesto los pelos de punta hace unos años. Pero ahora me encanta su sencillo sentido del humor.

Tú y Ken son personas de carácter fuerte. Ken ha sin duda batallado en grandes luchas a tu lado. ¿Cómo se complementan su lado "guerrero" masculino y tu fuerte liderazgo, en vez de volverse un punto de división? ¿Ha sido difícil?

Ambos competimos para ganar. Y recordamos el propósito más elevado. Los retos nos entusiasman. Y lo más importante es que reconocemos que cada día Dios nos llama al campo de batalla en el que todas las fuerzas más poderosas del universo se juntan para la guerra. ¡Eso nos anima! Nuestro enemigo no es mi silla de ruedas, o mi dolor, o mi cuadriplejía. Es Satanás. Él hará todo lo que pueda para lanzar granadas en nuestra relación. Ken Tada y yo somos muy conscientes de ello, y por eso permanecemos alerta. Creo que la discapacidad ayuda a esto.

Ahora que han cambiado los roles tradicionales de hombres y mujeres y son un hecho en la vida de muchos, ¿qué te parece esencial para que el matrimonio prospere?

Alguien tiene que tener la última palabra. Es decir, puede que nosotros nos sometamos el uno al otro tanto como queramos, pero cuando ocurre una emergencia, cuando es preciso tomar una decisión, acatamos lo que Ken decide. Y yo tengo que confiar en el Señor que, aunque sienta que es un error, ambos estamos en lo correcto. Y gracias a ello, creo que Dios nos protegerá y nos sacará adelante.

¿Cómo has podido ser tan franca acerca de tus luchas y experiencias? ¿Cómo pueden otras parejas implicarse sinceramente con el otro cuando las realidades duras se interponen?

Ken y yo hemos dedicado mucho tiempo a nuestros retiros familiares de "Joni y sus amigos". Encontramos parejas cuya relación pende de un hilo, tratando con valentía de mantener el amor vivo mientras educan tres hijos, dos con autismo severo y el otro quizá con síndrome de Down. Ken y yo los miramos y decimos: "No sabemos *nada*". En parte, la razón por la cual procuramos ser transparentes y vulnerables es porque deseamos mostrar a estas parejas que ellos pueden, que entendemos sus luchas, y que Jesús puede sacarlos adelante. Pasar tiempo en nuestros retiros familiares nos mantiene "con los pies en la tierra", donde casi todo el mundo vive. Cuando las duras realidades golpean, una pareja puede ayudar a otra sencillamente escuchando, haciendo algunas preguntas exploratorias, y luego escuchando y "solo" escuchando.

Creo que la mayoría de nosotros *muere* de ganas porque nuestro cónyuge solamente nos escuche, nos entienda, nos "capte", y a pesar de todo nos siga amando.

Hay un mensaje prevalente en la sociedad según el cual permanecer casados es imposible para la gran mayoría de las personas, y que lo máximo a lo que pueden aspirar es a la monogamia en serie. ¿Cuál es tu respuesta frente a ello? Y ¿qué dirías a aquellos que están cansados de su matrimonio y listos para terminarlo?

Un cristiano *puede* romper los lazos matrimoniales con su cónyuge. La vida sigue, y puede que encuentres algo de felicidad por el camino con otra persona; pero *nunca serás* la misma persona. Tú no serás el "tú" que quieres ser profunda y desesperadamente. Serás menos hombre, menos mujer, disminuido. Aunque es cierto que el arrepentimiento sincero trae restauración (oh, ¡cuán grande es la gracia de Dios!), las capacidades de tu alma estarán disminuidas. (Me refiero a "capacidades" según Jonathan Edwards. El pecado habitual logra disminuir el navío del cristiano. Una vez perdonado, podemos seguir experimentando un desbordamiento de la gracia y el gozo de Dios, pero el navío será menor. Creo que a esto se refería Jesús cuando advirtió a sus seguidores acerca de que podían arriesgarse a ser llamados "los más pequeños en el reino de los cielos" si optaban por la vía del pecado. ¿Es la medida divina *tan* elevada? ¡Sí que lo es! Esto no es una enseñanza en contra de la gracia, pero sí demuestra que la gracia es preciosa, no barata. Es una enseñanza muy necesaria en la iglesia de hoy).

Hemos encontrado a muchas parejas que llevan casadas muchos años y luchan con la ansiedad por el porvenir. Tú has experimentado suficientes quebrantos de salud para sentirte ansiosa, y has tenido que tomar medicamentos que producen ansiedad. ¿Cómo manejan tú y Ken la ansiedad cuando surge?

Es curioso que lo preguntes. El domingo pasado celebramos la comunión, y cuando meditaba en pecados que debía confesar, surgió de inmediato el "miedo al futuro": *¿Podré soportar más dolor físico? ¿Qué haré si Ken Tada muere antes que yo? ¿Si quedo confinada a una cama, podré aceptarlo con buena actitud?* Mi lucha constante es contentarme con el aquí y ahora, y dejar de preocuparme por "el mañana, y por si mi corset se va a clavar o no en mi cuerpo". Mi inspiración constante es el profeta Samuel que, después de erigir la piedra conmemorativa, dijo: "Hasta aquí el Señor nos ha ayudado". Él ha suplido cada necesidad en abundancia. Y no tengo absolutamente *ninguna razón* para pensar (y en eso radica la lucha) que Él va a fallarme en el futuro.

Con la atareada agenda de viajes y el peso de tus responsabilidades de liderazgo, ¿cómo sigues manteniendo tu matrimonio positivo?

Me siento extremadamente bendecida por el hecho de que Ken Tada considere que "Joni y sus amigos" es algo que hacemos *juntos*. Él viaja conmigo casi siempre (a menos que esté pescando en Montana), y lo disfrutamos inmensamente. Yo siempre le digo: "Querido, no *tienes* que ir en cada viaje".

¡Pero él quiere! Nos gusta conversar. Él reparte los tratados evangelísticos "la historia de Joni" a cada azafata, mozo de aeropuerto, supervisor de vuelo, empleado de hotel, criada, camarero, mesero, y demás. Nada me hace sentir más orgullosa que escucharlo animar a estas personas a leer mi historia.

Nuestro matrimonio es una experiencia positiva porque ambos vemos cómo lo usa Dios para su reino. De hecho, cuando nos cansamos o aburrimos, rememoramos durante la cena todos los lugares maravillosos que hemos visitado en más de cincuenta países, recordamos a las personas, las bendiciones, las oportunidades, los matrimonios rescatados, la depresión vencida, los paisajes, y mucho más. Somos muy bendecidos. Lo somos en gran manera.

TERCERA PARTE

7

Perseverar juntos

....

R ecuperarse. Levantarse. Persistir. Llámese como se quiera, esta capacidad puede determinar *por completo* el éxito en un matrimonio. ¿Cómo sobreviven algunas parejas desastres naturales, fracasos financieros, y toda clase de traumas, en tanto que otras no? ¿Cómo es posible que algunas personas, como Joni y Ken Tada, manejen a diario problemas crónicos de salud con gracia e incluso humor, mientras otras sucumben a la amargura y la pasividad?

Obviamente las respuestas son muchas y complejas, pero existe un gran poder sanador en el simple hecho de enfrentar las vicisitudes *juntos*.

Bárbara y Jaime esperaban recibir algún día la herencia de su madre viuda. Ella siempre había vivido con sencillez, y había amasado una riqueza considerable. Pero cuando empezó a padecer demencia David, el hermano de Jaime, se había hecho cargo de los negocios familiares. "Por cuenta de malas inversiones que él hizo, y de la crisis financiera mundial, ella perdió casi todo —dijo Bárbara—. Además, para ser sinceros, le perdimos la pista. David no se comunicó mucho, y para cuando llegó el abogado encargado del cuidado de los ancianos, ya era demasiado tarde. Estamos agradecidos porque ella nunca supo lo que sucedió con el dinero que con tanto esfuerzo había ahorrado".

Bárbara hubiera podido culpar a Jaime por no prestar atención a los malos manejos financieros. ¡Pero no lo hizo! "Mira, yo tampoco presté atención. En ese tiempo estábamos en plena mudanza, y buscábamos lugares dónde instalar a la mamá de Jaime. Nuestros hijos tenían necesidades. Al final, Jaime intervino y se hizo cargo de todo en lugar de su hermano. Enfrentamos todo juntos. Y como creyentes, no queríamos estar divididos por asuntos de dinero. Somos un equipo, y punto".

Ella agregó que algo que ayudó fue el hecho de que su situación económica era relativamente buena. "Aunque no estamos en la quiebra, la herencia hubiera ayudado mucho. Pero mi relación con Jaime es todo para mí, y una perspectiva correcta de la *vida* lo es todo. Pienso que aprendimos mucho de esa dura experiencia".

"LA PENA Y EL DOLOR PARECÍAN INTERMINABLES"

La capacidad de resistencia de un matrimonio depende de muchos factores. Cuando la resistencia se resquebraja y el matrimonio está en problemas, los cónyuges suelen lanzar acusaciones cargadas de enojo. El enojo puede filtrarse sutilmente en un matrimonio mes tras mes, hasta que se derrama y quema. Las Escrituras nos dicen: "No pequen al dejar que el enojo los controle". Poner esto en práctica no es nada fácil. Aunque la ira reprimida resulta en depresión, expresarla o actuar conforme a ella puede herir y dejar huella.

La ira contra un cónyuge puede ser irracional, y un hombre describió un incidente que lo demuestra. "Fue una locura —dijo—. Una noche, me levanté para usar el baño y me golpeé el pie. ¡Me dolió! Se encendió mi enojo, e instantáneamente me vino a la cabeza decir '¡es culpa de ella!', aunque nada tuvo que ver con el asunto".

Este esposo rechazó este pensamiento irracional, pero el dolor o la pérdida a veces nublan el entendimiento. Cuando la ira se encona o estalla, el cónyuge puede convertirse en el blanco.

Nos gustó lo que Miguel y Andrea nos dijeron acerca del manejo de la ira. Ellos han experimentado el sufrimiento y la pena que produce enojo. Cuando él perdió su empleo con una compañía importante y estuvo desempleado durante casi un año, Miguel estuvo enojado durante mucho tiempo. "Disfrutaba perversamente escuchar malas noticias sobre la compañía que me había despedido".

Como pareja, ellos dicen que han contado con el ejemplo de alguien que sabe manejar el enojo, y era la fe del padre de Miguel. "Mi papá luchó con problemas de ira. Perdió a su madre cuando tenía tres años y a su padre cuando tenía siete. Cuando mi padre tenía solo veintiocho años, le diagnosticaron melanoma terminal. Él pensó: 'Aquí va otra vez'. No estaba listo para morir. Mi hermana y yo éramos pequeños. Papá le rogó a Dios que le dejara vivir y criar a sus hijos. Poco después, él participó en un tratamiento experimental en Nueva Orleans, y funcionó. Vivió libre de cáncer por mucho tiempo".

Muchos años después, el cáncer volvió, con resultados devastadores. Pero Andrea dice:

> **Cuando sobrevienen las calamidades, puede ser difícil recordar todas esas actitudes edificantes para el matrimonio que deberíamos demostrar.**

"Ahora su actitud es asombrosa. Insiste en afirmar que está bien y dice: 'Dios sabe lo que está haciendo en mi vida. Estoy bien'. Él es un testamento admirable de fe".

El ejemplo de su padre fue una de las razones por las que Miguel permaneció en relativa calma cuando Andrea lo llamó un día en pánico. Faltaban pocos días para la Navidad, y su hija Ana, que estaba en vacaciones de la universidad, estaba limpiando el baño. "A ella le gusta limpiar a fondo —dice Andrea—. Y decidió limpiar la lechada de las baldosas. Esta empezó a desprenderse y, de repente, un montón de escombros de las paredes cayeron a la tina".

Ana gritó. "¡Mamá! ¡Están saliendo gusanos!". Andrea corrió al baño y vio que salían termitas y se retorcían en la tina. Miguel llegó a la casa y trató de tranquilizarla, pero la calma de él no le ayudó. Ella quería abandonar esa casa, aunque él no consideraba la infestación de termitas como un problema serio. Miguel pensaba: "Tal vez se dé cuenta de que no es el fin del mundo".

"Yo me enojé por lo que sucedía —dice ella—, y porque Miguel no tenía una varita mágica para solucionarlo. Me enojé mucho con él".

Cuando sobrevienen las calamidades, puede ser difícil recordar todas esas actitudes edificantes para el matrimonio que deberíamos demostrar.

¿Qué tan grave era la infestación? Luego aprendieron que existe una etapa en la que las termitas se llaman "enjambre" y les salen alas. Andrea pudo observarlo de manera cercana y personal. "Yo quería ver lo que había allí escondido, de modo que tomé un martillo y golpeé una baldosa. De repente salieron volando por todo el baño".

A pesar de todo, el sentido del humor de Miguel siguió intacto, y dijo: "Me pregunto qué sabor tienen fritas". Andrea dijo: "Ese fue el momento decisivo. Sin importar lo que pase, él lo toma con buen humor, incluso esas termitas. Ambos reímos, aunque sabíamos que se trataba de un problema serio". Las termitas costaron miles de dólares y ya no sería posible vender la casa. Andrea se puso muy enferma a causa del veneno que usaron para exterminarlas, pero todos sobrevivieron. A veces la risa rompe el ciclo de temor y enojo.

Ese no fue el último episodio de estrés, miedo, y enojo en el hogar de Miguel y Andrea. Pocos años después, su hija Ana, ya graduada de la universidad y casada, quedó embarazada. Estaban dichosos, pero hubo complicaciones y ella tuvo que ser hospitalizada varias veces. Un día se quedaron con Ana y su esposo, escuchando al médico explicar que Ana no tenía líquido amniótico. En la ecografía se veía un niño perfectamente formado, pero les dijeron que no sobreviviría.

Al día siguiente indujeron el parto. "Fue horrible —recuerda Andrea—. Quitaron de las paredes las fotografías de hermosos bebés, y pusieron una rosa amarilla en la puerta para que las enfermeras supieran lo que estaba sucediendo. La pena y el sufrimiento parecían interminables".

Tiempo después, Ana volvió a quedar embarazada. La dicha se convirtió en dolor. Ana padecía el mismo problema: sangrado y pérdida de líquido amniótico. Este nuevo bebé varón tampoco lograría sobrevivir.

Andrea recuerda sus pensamientos: "'Cómo es posible que le vuelva a suceder esto'. ¡Estaba tan enojada!".

Para Miguel fue más doloroso el segundo aborto espontáneo de Ana. "Me parecía cruel". Y se desahogó con el médico diciendo: "Bueno, esto sucede y puede suceder otra vez".

¿POR QUÉ?

Aceptar los sucesos de la vida es un gran desafío para todos nosotros. Los bebés mueren y los médicos parecen insensibles. Los accidentes destrozan familias. Alzheimer se roba las mentes que fueron brillantes. En todo el mundo hay niños inocentes atrapados en la esclavitud y aterrorizados por la violencia. ¿Por qué perdió Ana dos bebés? ¿Por qué, Señor?

Muchos pensadores sabios de las grandes tradiciones religiosas han buscado dar respuesta a la pregunta que ha atormentado a la humanidad desde Job. ¿Por qué? Pero aun cuando tenemos nuestra teología bien establecida, tenemos que enfrentar nuestras reacciones humanas al dolor, el desconcierto, y el enojo.

Como parejas, cuando somos capaces de actuar en amor sin importar cuál sea nuestro dolor, podemos disfrutar mejor las maravillas de la vida. Para Miguel y Andrea, una nueva maravilla bendijo sus vidas en gran manera.

Una noche, tarde, Andrea recibió un mensaje de texto de Ana acerca de un médico que había desarrollado una nueva técnica que permitía sobrevivir a los bebés de mujeres con problemas como el de Ana.

Visitaron al cirujano, que les aseguró a ella y a su esposo que podían convertirse en padres.

Ana se sometió a la cirugía. Sin embargo, sus médicos de cabecera, que desconocían el procedimiento, esperaban que fracasara. Durante su embarazo, Ana iba y venía del hospital, y tuvo que descansar en cama por períodos prolongados en casa de sus padres.

"Temía por ella —dice Andrea—, pero oramos y guardamos la esperanza. Yo leí los testimonios de todas las mujeres que tuvieron bebés gracias a la cirugía".

La pequeña Rut, una niña de 3000 gramos, ahora ríe y sonríe constantemente, y tiene muchos seguidores en Facebook. Andrea atribuye todo a la oración. "Creo que la oración de nuestra iglesia le dio vida a Rut".

Con todo, Andrea y Miguel estuvieron enojados durante las pérdidas. "Yo traté de no enojarme con Dios. Durante un tiempo simplemente dejé de orar. No quería clamar a Dios cuando otros soportaban pruebas peores. Había tanto sufrimiento en todas partes que, al final, me preguntaba '¿Por qué yo no?' ¡La fe y el amor mutuo de Miguel y Andrea los mantuvo caminando juntos!".

CUANDO LOS PAPELES CAMBIAN

A medida que envejecemos, nos preguntamos qué problemas de salud vamos a soportar y cómo vamos a enfrentarlos. Nos han inspirado las parejas con graves problemas de salud que están decididas a vivir con propósito y valor.

Víctor y Beatriz deben soportar la enfermedad de Parkinson, lo cual limita a Víctor de tal modo que pueden sentirse frustrados. Es difícil para Beatriz, como la encargada de cuidarlo, y es difícil para Víctor conforme va perdiendo sus capaci-

> Al envejecer, la esencia de lo que somos no cambia, y no nos define aquello que ya no podemos hacer.

dades y confianza. "Pareciera que siempre me está diciendo qué hacer. Es un asunto que me ocurre como hombre —dice Víctor, explicando sus sentimientos de resistencia y pérdida cuando ella le ayuda a tomar sus medicamentos—. Beatriz cuestiona mi capacidad, y no me deja hacer casi nada".

A pesar de todo, Víctor sabe que ella tiene que tomar la iniciativa y hacer lo que sea necesario, y Beatriz dice que esto requiere paciencia y gracia por parte de los dos.

Él la halaga: "Has desarrollado formas de manejarme bien".

"¡Y tú a mí!", responde ella.

Son evidentes los beneficios de un matrimonio con una larga historia de respeto mutuo y de reciprocidad, cuando se trata de enfrentar el cambio de papeles y de tensiones. Por lo general, al envejecer, la esencia de lo que somos no cambia, y no nos define aquello que ya no podemos hacer. En lugar de quejarse porque a Víctor le resulta difícil ponerse su abrigo, se han enfocado en aquello que sí tienen: hijos y nietos maravillosos, y el uno al otro.

"Tener gratitud —dice Beatriz— es una actitud de vida. ¡Lo cambia todo! Cambia la manera como vemos el Parkinson.

Nunca nos hemos preguntado: '¿Por qué a nosotros?'. Hemos vivido todos estos años juntos. Él sigue vivo y en pie. Somos compañeros en las buenas y en las malas".

POR EL FUEGO

Carlos y Lina trabajan juntos en su pequeño negocio de repuestos para camión. Un día estaban en el trabajo cuando escucharon a alguien gritar que había un apartamento incendiándose en uno de los edificios anexos. "Salía humo por la ventana —recuerda Carlos—. Entré corriendo y empecé a golpear cada puerta para que salieran las personas. Mientras estaban en camino los bomberos, pusimos lonas para proteger los enseres contra el agua, y quitamos todas las computadoras".

Un camión de bomberos lanzó chorros de agua al apartamento en llamas. Dos bomberos entraron y esperaron a que saliera más agua. "Durante cincuenta años tuvimos un descuento en nuestro seguro contra incendios, dado que había un hidrante cercano —dice Carlos—. ¡Pero estaba seco! No había una gota de agua. Trataron de usar otro a una calle de allí, pero también estaba seco".

Un tercer hidrante proveyó un poco de agua, pero no lo suficiente. Sonaron las bocinas para anunciar a los bomberos que evacuaran el edificio, y siete horas después gran parte de la edificación estaba destruida. Después de décadas de esfuerzo para edificar su negocio, la pareja vio desaparecer todo.

Esta es la clase de momentos que pueden llevar a una pareja a la desesperación, a acusaciones, o a atacarse mutuamente. Pero Carlos y Lina resistieron esos impulsos. También rechazaron la tentación de amargarse contra una persona de la competencia que aprovechó el incendio para tratar de robarles clientes. En vez de eso, se concentraron en expresar gratitud por la amabilidad con la que fueron tratados y por aquellos que les ayudaron a mantener el negocio en pie. Un cliente envió $500 para futuros repuestos, consciente de que necesitarían efectivo, y los proveedores extendieron sus plazos y términos. Lo mejor de todo fue que un competidor llamó y dijo: "Carlos, realmente me siento mal por lo que te sucedió con el incendio. Para ayudarte a recuperar el negocio, voy a enviarte uno de mis camiones cada día con todos los repuestos que necesites para que no pierdas tu trabajo". ¡Qué regalo, y qué gran motivo para sentirse agradecido!

"APRENDÍ QUE DEBÍA DEJARME CUIDAR"

El fuego no fue la única crisis que enfrentaron como pareja. Carlos sufrió una fractura compuesta que requirió tres cirugías. El accidente sucedió cuando ayudaba a su hijo a construir su casa. En el cobertizo de la entrada, se subió a una escalera y disparó con su pistola de grapas para asegurar una teja. En ese instante algo salió volando y lo golpeó en la cara. Él pensó que era un clavo, pero era un murciélago asustado. Voló hacia él y lo asustó.

Carlos se cayó, pero su pie quedó atrapado entre los peldaños de la escalera de plástico.

Tirado en el suelo de concreto húmedo, miró su pie. Había dos huesos que sobresalían, y sintió un dolor intenso.

Llegó la ambulancia. Los signos vitales de Carlos empezaron a decaer rápidamente. En el hospital tuvieron que ponerle seis tornillos y dos placas para poder reparar su pie.

"Fue una terrible experiencia —dice—, y es difícil olvidarla. Cuando sucedió, nuestra nieta de tres años, Raquel, estaba allí conmigo, y pasó un horrible susto. Pasaron varios meses antes de que ella pudiera acercarse a mí".

> "En lugar de decir: 'Estás equivocado', aprendimos a decir: 'Puede que tengas razón'".

Carlos considera esa experiencia como un despertar. "Me di

cuenta de que no era autosuficiente, y que a veces necesito que alguien me cuide. Aprendía a decir '*Dios mediante* haré esto'. Aprendí a ser agradecido por los cuidados de Lina".

"Todos pasamos por esta clase de cosas —añadió Lina—. Solo tenemos que permanecer fieles y manejar lo sucedido".

En un fin de semana de retiro matrimonial hablaron con franqueza acerca de sus luchas. Lina dio una ilustración: "Aprendimos algo realmente importante. En lugar de decir: 'Estás equivocado', aprendimos a decir: 'Puede que tengas razón'. Nadie quiere estar equivocado. En muchas situaciones y muchas veces hemos dicho: '¡Puede que tengas razón!'".

Carlos estuvo de acuerdo. "Y a veces más adelante hay que decir '*tenías* razón'".

SIETE SECRETOS PARA RESISTIR

1. Estas historias de personas reales nos han llevado a las siguientes conclusiones:
2. Todas las parejas enfrentan dificultades.
3. Cuando nos enfocamos en resolver el problema, en lugar de culpar al otro, es más probable que encontremos la solución.
4. No podemos cambiar las circunstancias, pero podemos cambiar nuestra actitud. Una actitud positiva siempre gana.
5. No siempre comprenderemos por qué suceden las cosas. La pregunta no es "¿Por qué nos sucedió a nosotros?", sino más bien "¿Qué podemos aprender de esta experiencia?".
6. Volvernos a Dios y confiar en Él en nuestro sufrimiento es siempre mejor que correr lejos de Él.
7. Escuchar al otro es siempre mejor que gritarle.
8. Nos necesitamos mutuamente. Juntos sobreviviremos este problema.

EXAMEN PERSONAL

1. ¿Cuáles son tus principales retos en esta etapa de tu matrimonio?
2. En este momento, ¿los desafíos los unen o los separan?
3. ¿Qué cambios sientes que necesita tu matrimonio?
4. ¿Estarías dispuesto a comunicar a tu cónyuge lo que piensas?

8

Todas las despedidas: Enfrentar el duelo

Para cuando llegamos a la "segunda mitad" del matrimonio, todos estamos familiarizados con la pérdida: con despedirnos de los seres queridos (incluso nuestros propios hijos), de lugares significativos, de un ingreso fijo, de la energía que alguna vez dimos por hecho, de los sueños juveniles. Perdemos amigos, trabajos, e ideales. Esto puede dejarnos con un doloroso vacío.

"Mi esposo y yo perdimos a nuestras madres con cuatro meses de diferencia —relató una esposa—. Entre las dos situaciones hubo misteriosas similitudes. Las dos habían sido viudas por muchos años, sufrían de demencia, y la causa de su muerte no fue clara: neumonía, deshidratación o malnutrición. La vida de las dos simplemente… se apagó. Ese no fue un buen año, pero tampoco fue de sufrimiento excesivo. Éramos conscientes de que para las dos fue un alivio y una bendición. Se sintió más como un vacío, un espacio sin llenar en nuestras vidas. Y con esto vinieron otras pérdidas colaterales en las que nunca se piensa: la casa a la que nunca volverás, la cazuela en la que nunca más comerás, el viaje que nunca se hará. No fue un duelo como tal, sino melancolía. Esto nos hizo pensar cómo es necesario añadir —no quitar— en esta etapa de la vida. Nos tenemos el uno al otro pero, aun así, necesitamos que nuestro mundo sea más amplio. Así que empezamos a buscar la manera de servir a otros".

"ESTOS SON LOS AÑOS MÁS FELICES DE MI VIDA": LA RECONCILIACIÓN DE UN PADRE Y UN HIJO

Las pérdidas de cada persona son únicas. Cada matrimonio se ve afectado según las experiencias y las relaciones que se han entrelazado toda la vida. Lo que sucede al final de la vida a veces abre el corazón y renueva el espíritu de formas inesperadas. Pregúntale a Tomás y a Marcela (la pareja del barco en el capítulo 1).

Los padres de Tomás se divorciaron después de cincuenta y dos años de matrimonio. Él y sus hermanas pasaron mucho más tiempo con su temerosa madre que con su enojado padre. Tomás dice que se esperaba que "tomarían bandos" contra su padre.

"Un día mi padre peleó conmigo por teléfono —cuenta Tomás—. Cuando él desahogó su ira conmigo, yo pensé: ¡*Ya no lo soporto más!* Me sentí mal, y durante tres meses no tuve contacto con él. Al fin escribí una carta, y luego él me llamó. Por primera vez *en su vida* dijo: "Lo siento".

Tomás tenía cincuenta y un años y su padre ochenta y seis cuando empezaron a reconciliarse. Un día, mientras los visitaba en su casa, su padre se quejó con Marcela por la manera en que era tratado por su familia, y empezó a criticar a Tomás. "¡Espere un minuto! —objetó ella, interrumpiéndolo—. Déjeme decirle lo que pasa".

"Ese fue un momento decisivo —nos cuenta Marcela—. Él estaba impresionado porque una mujer lo enfrentara".

"Y sin condenarlo", añadió Tomás.

Su padre había tenido amoríos, y en los primeros años de matrimonio, Tomás le dijo a Marcela que a él le preocupaba ser como su padre. Ella le aseguró que no sería así. "Tú no vas a ser como él. Tú eres leal, y somos un equipo".

Cuando el padre de Tomás pasó de los noventa, la relación entre ellos mejoró. Él sabía que su padre era una persona que se interesaba por el bienestar de otros. Había comenzado un programa de ayuda a los discapacitados, y Tomás pensó: *Él ha sacado de apuros a otros, pero nadie le ha ayudado a él.* No obstante, Tomás deseaba que hubiera más sanidad en la relación con su padre. Cuando cumplió 101 años y vivía en un hospital de cuidados paliativos, Tomás y Marcela se quedaron con él en su apartamento. Ponían un colchón en el piso de su sala para dormir en la noche, y con frecuencia Tomás se acostaba junto a su padre en su cama. La relación se había suavizado mucho. Cuando la trabajadora del hospital le preguntó a su padre si le gustaría que le trajeran una cama de hospital, él dijo: "No, porque así mi hijo no podría hacerse junto a mí".

Allí, con Tomás y su hermana sentados junto a la cama de su padre, experimentaron una sensación de reconciliación y, asombrosamente, el hombre agonizante les dijo: "Estos son los días más felices de mi vida".

La experiencia más profunda para Tomás sucedió más adelante. "En uno de esos momentos yo acerqué mi silla a él, y puse mi mano en su cabeza. De repente sentí su mano sobre mi cabeza. Él la sostuvo allí por largo rato antes de quitarla. Fue su mensaje de despedida para mí. Fue su bendición que yo había buscado toda mi vida".

LA SOLEDAD DEL DUELO

Durante un duelo, muchas parejas se apoyan mutuamente, y su compasión mutua ahonda los lazos que los unen. Sin embargo, el duelo es una experiencia muy personal y única, y a veces es difícil ver más allá del sufrimiento propio. Cuando visitamos parejas que nos han contado acerca de sus pérdidas de seres queridos, recordamos cómo las diferentes maneras de vivir el duelo pueden generar resentimiento y dolor extremos. En particular, la muerte de un hijo, o del cónyuge de un hijo adulto, puede confundir y distanciar incluso a una pareja madura y amorosa. Puede que un cónyuge quede paralizado del dolor, mientras que otro "enfrenta todo". Puede que uno se quede estancado en estupor y enojo con Dios, mientras el otro intenta desesperadamente afirmar la fe. De repente, un matrimonio tranquilo queda sumergido en aguas tempestuosas.

El dolor que vimos nos recuerda el poema "Home Burial" de Robert Frost. En él, el laureado poeta revela la confrontación que existe entre los esposos que sufren y están desconcertados. Frost escribió de su propia experiencia: su primogénito Elliot murió a los tres años, y más adelante murieron otros dos hijos. Estos son breves fragmentos de "Entierro en casa", donde el esposo describe el pequeño cementerio detrás de su casa:

"Tan pequeño que la ventana lo enmarca en su totalidad...
Hay tres lápidas de pizarra y una de mármol...
"Basta, basta, basta", —*ella le gritó.*
Y le esquivó, encogiéndose para escapar de su brazo...
"¿Acaso un hombre no puede hablar del hijo que ha perdido?".
"¡Tú no!".

Luego la esposa revela lo que vio:

"Si tuvieras sentimientos, tú que cavaste
con tus propias manos —¿cómo pudiste?— su pequeña tumba;
te vi por esa ventanilla,
lanzando la grava al aire, más y más,
para caer suavemente,

y rodar por el montículo junto al foso.
Me pregunté: ¿Quién es ese hombre? No te conocía".

Como revela Frost, durante un duelo, los esposos pueden volverse extraños, incluso aquellos que hemos sido bendecidos con matrimonios estables.

En una convención en Nashville tuvimos la oportunidad de hablar con David y Nancy Guthrie acerca de la pérdida de su hijo. En una sesión abierta, ellos contaron sus experiencias y las reflexiones sanadoras que extraían del libro de Job. Más adelante perdieron otro hijo, y desde entonces han ministrado a otros padres enlutados por la muerte de un hijo.

"En su cama por la noche, ella con frecuencia me daba la espalda, se enrollaba como un ovillo apretado, y lloraba".

En su libro *Cuando pierdes a un ser querido*, ellos presentan ejemplos de las diferentes maneras como las parejas hacen duelo, y las oscuras semillas que pueden crecer. En su caso, al principio de su proceso de duelo, ellos leyeron la historia de una madre afligida que resentía el hecho de que su esposo no estuviera tan triste como ella. Después de la muerte de su hijo, su esposo había vuelto al trabajo, y su aparente falta de dolor estaba cavando un abismo entre los dos. Sin embargo, cuando la madre supo que cada día de camino al trabajo él se hacía a un lado para llorar, ella se dio cuenta de que él sufría de otra forma. Leer la historia les permitió a David y a Nancy anticipar que su duelo podría manifestarse de diferentes maneras que podrían separarlos.

Más adelante, David escribió: "En los momentos oscuros de su duelo, Nancy parecía encerrarse en sí misma. Puesto que siempre ha sido una persona tan abierta, esto me pareció extraño y me causó temor. Al sentirme inseguro, yo instintivamente me alejé de ella como si me hubiera rechazado. En su cama, por la noche, ella con frecuencia me daba la espalda, se enrollaba como un ovillo apretado, y lloraba. Si yo trataba de consolarla, sentía que se ponía tensa y se hundía más, como un armadillo en su coraza".

El duelo no es una sola emoción, sino un conjunto de emociones.

David dice que él decidió en esos momentos "permanecer cercano, sostenerla, casi siempre con la boca cerrada, y estar presente".

El escritor Joseph Bayly y su esposa Mary Lou perdieron tres hijos, algo inimaginable: uno después de una cirugía, otro de leucemia, y otro en un accidente en trineo. En su libro, él escribe que, aunque en esos momentos de dolor un esposo y una esposa necesitan más amor, su relación les resulta "árida, deteriorada". Él señala que es diferente para cada cónyuge, y describe algunos patrones comunes de aislamiento: "dejar de mencionar al hijo muerto, romper la comunicación, dormir como un escape, alejarse del otro y refugiarse en amistades, especialmente nuevas, y ocuparse excesivamente en actividades de iglesia y clubes".

Este es el consejo de Joe Bayly para las parejas que están en duelo por un hijo: "Es el momento para unirse, para ocuparse del bienestar afectivo y sexual de tu pareja, de obligarse a hablar con el otro y escuchar, como si su matrimonio dependiera de ello. A veces así es".

"¡NO PUEDEN HACERTE ESTO!"

En la segunda mitad del matrimonio, no todas las penas tienen que ver con la pérdida de un familiar. A veces la causa es la pérdida de un trabajo.

David es presidente de una pequeña compañía donde ha trabajado durante veinticinco años. Ahora, a la edad de sesenta y uno, entra a la oficina del director de la gran corporación que es la nueva dueña de su compañía. Le dicen que sus servicios ya no son requeridos, y que el viernes será su último día de trabajo. David llega a casa esa noche conmocionado, y le contó a Sara, su esposa, algo que ella nunca esperó escuchar. "¿Vas a aceptar eso? ¡Es injusto! ¡Debes pelear por lo que te mereces! ¡No pueden hacerte esto! ¡Tienes que protestar!".

"No tiene sentido pelear —dice David—. Esto sucede todo el tiempo. Demandar a la corporación costaría miles de dólares, y no vale la pena desgastarse en eso".

David salió de la habitación sintiéndose rechazado por su esposa, y Sara se retira a su habitación llorando con resentimiento en su corazón, contra su esposo y la empresa que lo despidió.

David y Sara han experimentado el golpe de su primera pérdida. Él está pasmado, ella furiosa. El duelo no es una sola emoción, sino un conjunto de emociones. Conmoción, miedo, enojo, resentimiento, frustración, y otras emociones hacen parte de lo que llamamos duelo. Cada individuo tiene diferentes emociones en diferentes momentos, y su respuesta a estas emociones también difiere en gran manera. Por eso el duelo a veces produce abandono, separación, e incluso divorcio en un matrimonio.

Después de varias peleas, David y Sara se dieron cuenta de que necesitaban ayuda. Fueron sabios en buscar consejería cristiana que les ayudó a entender el proceso de duelo, y el hecho de que sus respuestas diversas no tenían que dividirlos. Sara dijo: "Ahora me siento cercana a David, más que nunca. Nuestro matrimonio había entrado en un círculo vicioso. Éramos esclavos de nuestra rutina semanal, y no dedicábamos tiempo al otro. Pero la pérdida de su trabajo me llevó al límite. Ahora que veo todo en retrospectiva, me doy cuenta de lo injusta que fui con David, exigiéndole que rectificara algo que era imposible cambiar. Me alegra que hayamos buscado consejería. Detesto pensar en lo que hubiera podido suceder si hubiéramos continuado en esa dirección de pelear con el otro.

David y Sara son un ejemplo de la importancia de buscar ayuda durante un proceso de duelo. Se puede buscar el apoyo de amigos de confianza, de un pastor, o de un consejero, pero todos necesitamos a otros cuando atravesamos las diferentes etapas del duelo.

No existe un plan de cinco pasos sencillos para procesar el duelo. Sin embargo, hay una serie de elementos comunes que las personas tienden a experimentar frente a las pérdidas significativas en su vida. La conmoción es, por lo general, la primera respuesta y puede ser útil por un breve tiempo. Pero luego es preciso expresar las emociones. Por algo tenemos conductos lacrimales, y sí, los hombres también necesitan llorar. Otros sentimientos que surgen durante el duelo son la depresión, la soledad, y el aislamiento. A veces hay síntomas físicos como dolor de cabeza o espalda. Los médicos reconocen que muchos síntomas físicos tienen su origen en el estrés emocional.

Los sentimientos de culpa pueden también acompañar el duelo cuando rememoramos la pérdida y empezamos a culparnos por lo sucedido. Como hemos dicho antes, la ira y el resentimiento son emociones comunes. Abandonar las rutinas diarias de la vida es otra respuesta típica del duelo. La manera más básica de procesar el duelo es comunicar nuestros pensamientos y sentimientos con otras personas. No queremos sugerir que todas las conversaciones deban enfocarse en tu duelo, pero sí nos parece muy importante que sea una experiencia compartida. Quienes tratamos de ayudar a las personas que viven un proceso de duelo, debemos entender que cuando hablamos acerca de su pérdida, ya sea de un trabajo o la muerte de un pariente, les estamos haciendo un gran bien. En esencia, estamos comunicándoles este mensaje: "Yo me acuerdo, y me importa".

"EMPACÓ UNA CAJA Y LUEGO LLORÓ"

Otra pérdida común para quienes vivimos la segunda mitad del matrimonio ocurre cuando nos mudamos de un lugar a otro. Pablo y Catalina habían vivido en la misma ciudad y asistido a la misma iglesia durante cuarenta años. Casi toda su vida de casados habían vivido en esa comunidad. Sus tres hijos se habían mudado lejos, a diferentes extremos del país. A medida que los dos experimentaban problemas de salud, empezaron a hablar acerca de su futuro. Cuando hablaron al respecto con su hija, ella y su esposo insistieron en que se mudaran a la misma ciudad donde ellos podrían cuidarlos. Después de pensarlo y orar mucho, Pablo y Catalina accedieron. Sin embargo, conforme se acercaba el día de partir, ambos empezaron a experimentar un duelo. Catalina dijo: "Empaco una caja y lloro. Luego empaco otra, y lloro otra vez. Es muy duro dejar a nuestros amigos".

Pablo dijo: "Es lo más difícil que hemos hecho, pero sabemos que es el paso correcto. Hemos conocido algunas personas allá, y sabemos que Dios nos dará nuevos amigos. Estamos muy agradecidos porque nuestra hija y su esposo están dispuestos a hacer esto por nosotros". Pablo y Catalina están procesando su duelo de una manera muy positiva comunicándose abiertamente con sus amigos. Ellos comprenden que si bien están perdiendo su casa y todo ese ambiente conocido que incluye sus amigos, también ganan seguridad al estar cerca de su hija. Ellos eligen ser optimistas respecto a hacer nuevos amigos, e involucrarse en una nueva iglesia. El duelo puede convertirse en ganancia cuando se procesa de manera saludable.

> En cada período de duelo le hemos preguntado al otro: "¿Cómo puedo ayudarte?". A veces la respuesta ha sido: "Solo abrázame".

"CONCENTRARSE EN LOS PÁJAROS"

Volvamos a nuestro amigo del comienzo del capítulo que se preguntaba cómo "añadir, no solo quitar" en estos tiempos de tantas pérdidas. La "ganancia" puede suceder en la forma como vemos las cosas. Un esposo lo expresó de la siguiente manera: "¿En qué momento es un pájaro más grande que una montaña? Cuando está en la ventana y la montaña a lo lejos. Todo depende de la perspectiva con que veamos las cosas. Tenemos que concentrarnos en los pájaros y en lo que es "hermoso" en nuestra vida, y no permitir que las montañas nos ensombrezcan".

Todos experimentaremos períodos de duelo en algún momento. Yo (Gary) he experimentado la muerte de mi padre, de mi madre, y de mi única hermana a sus cincuenta y ocho años. Karolyn también ha perdido a sus padres y cuatro hermanos. En cada período de duelo le hemos preguntado al otro: "¿Cómo puedo ayudarte?". A veces la respuesta ha sido: "Solo abrázame". Otras veces, "Dame tiempo". Hemos aprendido a respetar las respuestas del otro porque sabemos que el duelo es un proceso que pasa por muchas etapas hasta que se alcanza la sanidad.

9

Dos son mejor que uno

En estos días es fácil sentirse fuera de lugar cuando han estado casados tantos años *y* todavía lo disfrutan realmente. Conocemos las estadísticas que muestran cuán pocas personas se casan, el creciente número que viven juntas, y la tendencia de la generación Y de rehuir el altar, entre otras. Puedes empezar a sentir que el matrimonio es un pasatiempo curioso como tejer o actuar en festivales históricos, una rareza que está reservada para unos pocos elegidos. No solo eso, sino que puedes sentir que estás nadando contra la corriente de cinismo acerca de la viabilidad de un amor y compromiso para toda la vida. Un artículo en la red afirmaba que es imposible permanecer compatible con alguien toda la vida, y un lector respondió que el matrimonio tradicional "está tan muerto como el Edsel; los matrimonios tiemblan y caen como mangos maduros". Aconsejó además: "¡Ni se le ocurra pensar en un matrimonio duradero!".

¿Es el matrimonio un sueño falso, destinado a romper corazones? Sí, cuando se trata de cuentos de hadas donde "viven felices para siempre" en un castillo perfecto. Pero un compromiso matrimonial a largo plazo es un llamado a una intrincada aventura que puede tener un final feliz. Estamos diseñados para ello.

Como mencioné en el capítulo 2, cuando Andrés y Fanny les contaron a los estudiantes universitarios que llevaban casi cuarenta años casados, la gente estalló en aplausos. Los adultos jóvenes añoran esa idea de un matrimonio duradero y estable. Cuando ven parejas que en realidad disfrutan el matrimonio, sus espíritus se inspiran. ¡Tal vez hay esperanza!

Los líderes de muchas disciplinas ahora afirman que necesitamos con urgencia modelos de matrimonios saludables y ser mucho más conscientes del papel vital del matrimonio, y de cuán bueno puede ser. La verdad es que esos modelos ejemplares abundan pero, por lo general, son desconocidos a los ojos de los medios y de la cultura predominante. Pero los conocemos. Son nuestros amigos, parientes, colegas de trabajo, miembros de nuestra iglesia. Son clientes y vecinos, y la mujer amable que siempre examina nuestros ojos en el consultorio optométrico. Somos nosotros.

Y como hemos dicho al comienzo de este libro, cada uno de nosotros que ha sido bendecido con un matrimonio que florece y resiste, que comparte bromas y compañerismo, y sí, una vigorosa intimidad física, pueden dar fe de lo que dice Santiago 1:17 acerca de los dones perfectos de Dios: "Toda buena dádiva y todo don perfecto desciende de lo alto, del Padre de las luces...".

Un buen matrimonio es un don. Es gracia: un favor inmerecido que es imposible ganar. Debe inspirarnos a ser humildes cada día.

Hemos hablado mucho en este libro acerca de las pruebas y las pérdidas, y de cómo salir adelante en los tiempos difíciles. Pero como todos sabemos, hay mucho más en el matrimonio que solo pruebas (gracias a Dios). Está el *disfrute* sencillo de nuestra pareja, día tras día. ¿Recuerdas la mujer con todas las mascotas? Ella dijo: "Hace poco, en una cálida tarde dominical, yo me sentía realmente agotada. Había estado trabajando duro y también ayudando mucho a nuestros hijos ya grandes. Necesitaba un descanso. Entonces mi esposo y yo sacamos todas nuestras

DOS SON MEJOR QUE UNO

mascotas: los pájaros, el pez, el perro, todos al patio. Y nos sentamos a leer el diario. Había un artículo realmente interesante acerca de cómo están surgiendo las compañías de búsqueda para ayudar a las iglesias a encontrar pastores. Entonces hablamos acerca de ello, y de muchos otros temas, y tomamos agua con un poco de limón, pero sin hielo, porque nuestra máquina de hacer hielo se dañó. *Esa* es una de las dichas de la segunda mitad del matrimonio. Esos momentos, uno tras otro tras otro...".

Y *eso* es lo que los cínicos pasan por alto.

"NOS SENTIMOS AMADOS"

Otra historia.

El don de un matrimonio duradero también viene, si no con miles, sí con muchísimas otras personas cuyas vidas se han entrelazado con las nuestras a lo largo de los años. Jeannette y yo (Harold) experimentamos esto hace pocos años. Pasada la media noche, nosotros y nuestros tres hijos menores estábamos profundamente dormidos en nuestra casa cuando se desató una fuerte tormenta. Cayó un rayo, nuestra casa se prendió en llamas, y se disparó la alarma de humo. Jeanette se levantó y al ver fuego, gritó para que saliéramos de la casa. Yo urgí a los niños a salir de sus camas y a la calle, donde estaba lloviendo.

Al poco tiempo llegaron catorce camiones de bomberos a nuestra calle sin salida, y decenas de vecinos permanecieron afuera viendo nuestra casa quemarse. Cuando recordamos esa noche y el año siguiente, lo que viene a nuestra mente son los innumerables gestos de bondad:

- Nuestros vecinos en pleno aguacero y oscuridad trayéndonos ropa y ofreciéndose a entrar en sus casas.
- Un empleado de la ciudad que vino antes del amanecer para asegurarme que aprobaría los planos de reconstrucción.

- En la mañana, algunos amigos fueron al supermercado para comprar artículos de primera necesidad como cepillos de dientes.
- Vecinos que al enterarse que precisamente el día del incendio nuestra hija cumplía doce años, compraron y empacaron regalos para ella.
- Personas de la iglesia que se apuntaron para llevar comidas, ayudar a despejar los escombros frente a la casa, e inventariar nuestros enseres carbonizados para el reclamo de las aseguradoras. Algunos colegas de trabajo también se ofrecieron ayudarnos de diversas formas.

Sí, perdimos cosas muy valiosas en el incendio, y estuvimos a tope ese año para volver a la normalidad. Jeanette supervisó la reconstrucción de la casa, yo me encargué de la montaña de papeleo de las aseguradoras, y ambos ayudamos con la agenda escolar de nuestros hijos. Sin embargo, al pensar en ese año, ahora nos enfocamos en las múltiples maneras como otros nos ayudaron.

Jeanette lo resume diciendo: "Nos sentimos amados".

Gary: una nota personal

H arold y yo hemos disfrutado el proceso de entrevistar y escuchar a las parejas que nos han contado acerca de su vida en la segunda mitad del matrimonio. Quiero terminar con una nota personal. Mi esposa Karolyn y yo estamos "casados y felices… después de tantos años". Para ser exactos, más de cinco décadas. Hemos caminado juntos bajo el sol y la lluvia, en tinieblas y en luz. Hemos compartido abiertamente las luchas de los primeros años de nuestro matrimonio. Durante esos años oscuros, yo pensé muchas veces: *Me he casado con la persona equivocada. Esto nunca va a funcionar, somos demasiado diferentes.* Más adelante siendo estudiante en el seminario para ser pastor, y a medida que se acercaba el momento de graduarme, supe que nunca podría pararme delante de otros y predicar un mensaje de esperanza cuando yo era tan desdichado en mi matrimonio.

Nunca olvidaré el día en que al fin le dije a Dios: "No sé qué más hacer. He hecho todo lo que sé hacer y esto no mejora". Tan pronto pronuncié esa oración, vino a mi mente la imagen de Jesús de rodillas lavando los pies de sus discípulos. Y escuché que Dios me dijo: "Ese es el problema en tu matrimonio. No tienes la actitud de Cristo hacia tu esposa". Esto me golpeó como una tonelada de ladrillos porque recordé lo que Jesús dijo, en esencia, cuando se puso en pie después de lavar los pies de sus discípulos: "Yo soy su líder, y esta es la forma como se lidera en mi reino". Yo sabía que mi actitud no era esa. En los primeros años mi actitud fue "Yo sé cómo tener un buen matrimonio. Si tú me escuchas, tendremos uno". Ella no "me escuchó", y yo la culpé por nuestro mal matrimonio. Pero ese día capté un mensaje diferente. El problema era que mi propia actitud no era como la de Cristo, la de servir.

Entonces dije a Dios: "Señor, perdóname. Con todo mi estudio de griego, hebreo y teología, he pasado por alto lo verdaderamente importante". Luego dije: "Por favor, dame la actitud de Cristo hacia mi esposa". Al mirar en retrospectiva, esa fue la mejor oración que jamás he pronunciado con respecto a mi matrimonio, porque Dios cambió mi actitud.

Hubo tres preguntas que me permitieron llevar esto a la práctica. Cuando estuve dispuesto a formular estas tres preguntas, mi matrimonio cambió por completo. Estas son: 1) ¿Qué puedo hacer para ayudarte? 2) ¿Cómo puedo hacer tu vida más fácil? 3) ¿Cómo puedo ser un mejor esposo para ti? Cuando estuve dispuesto a plantear esas tres preguntas, Karolyn estuvo dispuesta a darme respuestas. Esto fue mucho antes de que yo supiera algo acerca de *Los 5 lenguajes del amor*, pero básicamente ella me estaba enseñando cómo amarla sirviéndole. Cuando empecé a atender sus respuestas, nuestro matrimonio cambió radicalmente. Al cabo de tres meses, ella empezó a hacerme las mismas tres preguntas. Hemos estado en este camino por mucho tiempo, y tengo una esposa increíble. De hecho, hace no mucho yo le dije: "Si todas las mujeres del mundo fueran como tú, no existiría el divorcio". ¿Por qué dejaría un hombre a una mujer que hace todo lo posible por ayudarle? Y mi meta a lo largo de los años ha sido amar y servir a mi esposa de tal modo que cuando yo falte, nunca haya un hombre que la trate como yo la traté. Ella va a extrañarme.

Creo que esto fue el plan de Dios. Él nunca dispuso el matrimonio para hacernos infelices. Dios lo dispuso porque nos hizo el uno para el otro. Dos son mejor que uno. El plan de Dios es que nos amemos y sirvamos mutuamente para que a su vez nosotros, juntos como individuos, bendigamos al mundo con las capacidades que Dios nos ha dado. Dios usó el sufrimiento de esos primeros años para darme una profunda empatía hacia las personas que tienen problemas matrimoniales. Cuando se sientan en mi consultorio y dicen: "No tengo esperanza para mi matrimonio", yo puedo decir con honestidad: "Lo entiendo. Si lo desean, pueden echar mano a mi esperanza, porque tengo mucha".

> Si intentara resumirlo, diría que hay dos asuntos esenciales: que el esposo y la esposa se amen y se sirvan mutuamente, y así satisfagan las necesidades emocionales de amor e intimidad. Y segundo, que afronten con sabiduría sus faltas disculpándose y perdonando.

He visto a cientos de parejas descubrir las claves para un matrimonio exitoso y duradero. Si intentara resumirlo, diría que hay dos asuntos esenciales: que el esposo y la esposa se amen y se sirvan mutuamente, y así satisfagan las necesidades emocionales de amor e intimidad. Y segundo, que afronten con sabiduría sus faltas disculpándose y perdonando. Disculparse y perdonar son esenciales, porque nadie es perfecto. Aunque, cuando el orador preguntó: "¿Alguien conoce a un esposo perfecto?", un hombre sí levantó la mano para decir: "Sí, el primer esposo de mi mujer". Mi observación es que, si existen esposos perfectos, están muertos. Y la mayoría de ellos se volvieron perfectos cuando murieron.

No tenemos que ser perfectos para tener un matrimonio saludable y duradero, sino enfrentar nuestras faltas disculpándonos y perdonando.

Ya he hablado acerca del día en el que mi hijo llegó a casa de la universidad, puso su mano derecha sobre mi hombro y la izquierda sobre el hombro de Karolyn, nos miró a los ojos y dijo: "Quiero darles gracias por permanecer juntos. Tengo cinco amigos en la universidad que no van a su casa en Navidad porque sus padres se separaron o se divorciaron después de que ellos fueron a la universidad. Ellos no saben a quién visitar en Navidad, de modo que se van a quedar en la universidad. Sé que ustedes tuvieron dificultades en los primeros años de su matrimonio, pero quiero agradecerles por haber permanecido juntos". Con lágrimas de gozo reconocimos que Dios nos había ayudado, y no solo nos mantuvo unidos, sino que nos dio una relación amorosa, solícita, comprensiva.

Es nuestro deseo que las historias que has leído en este libro, y los principios que hemos observado en las vidas de quienes están "casados y felices… después de tantos años", te animen a enfrentar con una actitud realista las alegrías y los desafíos de la segunda mitad. Creemos con sinceridad que la segunda mitad puede ser la mejor. Si este libro te ha parecido útil, esperamos que lo compartas con tus amigos, y quizá lo uses como punto de partida para conversaciones en un grupo de estudio.

Lo mejor que podemos hacer por los matrimonios de la siguiente generación es brindarles el modelo de un esposo y una esposa que se aman, que están profundamente comprometidos con el bienestar del otro, que enfrentan con sabiduría sus faltas, y que buscan glorificar a Dios en todo lo que hacen. Esperamos que este libro te ayude a lograrlo "hasta que la muerte los separe".

John y Cindy Trent

"DESCANSAR EN EL HECHO DE QUE NUESTRO FUTURO ESTÁ EN LAS MANOS DE JESÚS"

El doctor JOHN TRENT *es conocido tal vez como el coautor, junto con Gary Smalley, del éxito de ventas* La Bendición, *así como por introducir las personalidades del león, la nutria, el castor, y el labrador en* Las dos caras del amor, *el libro que escribieron juntos. Hace poco fue nombrado director del ministerio y de terapia matrimonial y familiar en el Seminario Teológico Moody. Él y su esposa Cindy, que enseña inglés como segunda lengua a niños de primer y segundo grado, viven en Scottsdale, Arizona. Han estado casados durante treinta y seis años y tienen dos hijas adultas, Kari y Laura.*

¿Qué es aventura para ustedes?

En nuestro matrimonio, Cindy es la maestra, planificadora y organizadora. Piensa en Bilbo Baggins en *El Hobbit*, quien se contentaba con quedarse en su aldea y disfrutar su casa en la colina sin tener que ir jamás en busca de aventuras. Lo que quiero decir es que no tardé en darme cuenta de que hacer vuelo con ala delta, practicar esquí extremo o bucear en un estanque de tiburones tal vez no sería la clase de actividades que Cindy y yo haríamos juntos para añadir aventura a nuestro matrimonio.

No obstante, hemos aprendido que las aventuras no tienen que ser peligrosas. De hecho, parte de lo que mantiene nuestro matrimonio fresco es la aventura cotidiana de hacer juntos actividades que nos sacan un poco de nuestra comodidad. Por ejemplo, los dos empezamos una difícil (para nosotros) rutina de ejercicios en un gimnasio cerca de nuestra casa, que se llama Orange Theory Fitness. Por lo general somos las personas mayores en ese lugar, con *décadas* de diferencia. Casi todas las veces nos quejamos diciendo: "¿Por qué hacemos esto?". Pero siempre resulta divertido sobrevivir juntos la hora de sesión de ejercicios.

Vivimos en una ciudad grande, así que nos proponemos ir a un nuevo restaurante cada dos semanas en lugar de comer en los mismos sitios que ya conocemos por años. Y ya que nuestras hijas se han ido, estamos en una nueva iglesia (allí también estamos entre los miembros de edad más avanzada) y acabamos de empezar un nuevo estudio bíblico para parejas, algo que nunca hubiéramos hecho con las hijas en casa, por falta de tiempo. Entonces no son actividades "extremas", pero sí novedosas. Y estamos comprometidos a no evitar lugares o experiencias poco frecuentados por "gente de nuestra edad", aun si la música es ruidosa en nuestra nueva iglesia y hay pocas cabezas canosas.

¿Cuál consideran que es su mayor desafío en esta etapa del matrimonio?

Al leer esta pregunta, Cindy y yo respondimos casi al unísono: "¡Mantener fuerte nuestra relación con nuestras hijas que viven lejos!". Mucho ha cambiado desde que Kari (nuestra hija mayor) y Laura (nuestra hija menor) se mudaron de nuestra casa en Arizona y empezaron su vida profesional. Durante más de un año, las dos han salido con jóvenes en citas románticas. (Ahora que escribo, los dos hombres se han sentado el mes pasado conmigo a "conversar" al respecto).

Criamos a nuestras hijas para que tomaran iniciativas y no tuvieran miedo de perseguir grandes sueños y trabajar duro sirviendo al Señor y al prójimo. ¡Pero el problema es que lo tomaron muy en serio! Ese llamado a "hacer algo grande" ha significado que las dos hijas han elegido emprender viajes misioneros a lugares muy difíciles (y lo único que podíamos hacer era orar y no preocuparnos), terminar sus postgrados, e instalarse en lugares donde sentían que el Señor las guiaba (¡lejos de donde vivimos!). Las animamos además a poner sus expectativas en el Señor, no en la industria de las bodas, ¡y llegamos a preguntarnos en ocasiones si encontrarían tiempo para salir con alguien!

Hemos visto cómo las dos se han convertido en mujeres que aman al Señor y no temen avanzar. Pero esto ha significado que las dos fueron a excelentes universidades en otros estados, y que han tenido la confianza para mudarse a Seattle y a Dallas para seguir adelante con sus carreras. ¡Lejos de Arizona! Es un desafío mantener esa relación fuerte en la distancia con hijos súper ocupados y diferentes agendas.

Ustedes tienen un interesante estilo de vida de trabajo y desplazamiento, que se ha vuelto más frecuente. ¿Cómo les ha funcionado a los dos?

Desde que la economía ha obligado a muchas parejas a un estilo de vida de largos desplazamientos al trabajo, viajar es algo que Cindy y yo hemos tenido que tener en cuenta a la hora de fortalecer y cuidar nuestro matrimonio durante treinta y cinco años. Desde el comienzo de mi ministerio me invitaban a hablar en diferentes lugares. Estoy agradecido con el Señor porque desde entonces tomamos tres decisiones que han impedido que los viajes se conviertan en un motivo de división emocional, aun cuando estamos separados físicamente.

En primer lugar, dejo que Cindy organice mi agenda. Es decir, ella tiene voto acerca de cuándo y dónde voy a viajar. De esa manera yo no acepto un viaje que me impediría estar en casa para un acontecimiento importante de las niñas, o de Cindy. O ella estaba completamente de acuerdo, o yo no subía al avión. Hablo mucho en bases militares por todo el país y el mundo, de modo que sé que muchas personas que sirven o trabajan no tienen la misma flexibilidad para rechazar grandes oportunidades que no se ajustan a responsabilidades mayores en el hogar. Pero el hecho de esperar la aprobación de Cindy antes de organizar un viaje ha sido una decisión que el Señor ha bendecido.

La segunda gran decisión que tomamos desde el principio es la de que ningún viaje sería un paréntesis. Es decir, yo me siento con Cindy antes de cada viaje y me aseguro de contarle cada detalle, como: "Esto es lo que voy a hacer el lunes, este es el lugar donde voy a hablar el martes...". De ese modo, mi ausencia no es un asunto desconocido, sino que ella sabe qué y cómo orar mientras estoy fuera. Con las niñas incluso conseguí un mapa de los Estados Unidos para mostrarles exactamente dónde iba, y les contaba lo que planeaba hacer cada día.

Por último, llamo a casa *con mucha frecuencia* mientras viajo. He conocido y viajado con muchas personas que no llaman a casa durante tres o cuatro días cuando están de viaje (obviamente, cuando no han sido enviados en una misión militar sin acceso a teléfonos celulares). Eso es impensable si uno quiere mantener el matrimonio fuerte. No estás fastidiando a tu pareja con al menos una llamada diaria para reportarte, sino que estás diciéndole: "¡Tú me importas! ¡Aun cuando estoy de viaje!". La ausencia no fortalece las relaciones.

John, aceptaste este nuevo cargo como director en un momento en el que muchas personas de tu generación esperan jubilarse o al menos no emprender un nuevo reto profesional. Cuéntanos acerca de esto.

Chuck Swindoll ha sido un amigo y consejero (en la distancia) durante años. Lo escuché decir y dar ejemplo de cómo al envejecer lo más importante es la actitud. Una marca bíblica es: "Haya en vosotros la misma actitud", y yo creo que eso incluye estar dispuesto a aceptar el desafío de servir a otros. En cualquier momento y a cualquier edad.

Hace poco me concedieron el gran honor de ser nombrado el primer director Gary D. Chapman del ministerio y terapia matrimonial y familiar en el Seminario teológico Moody. Esta es quizás la oportunidad más divertida y desafiante que he recibido. Pero nunca lo he visto como un asunto de edad; es decir, solo porque soy ya mayor lo considero como un asunto de actitud. Como le dijo Caleb a Josué: "Dame, pues, ahora este monte" (Jos. 14:12). Era el territorio más difícil de conquistar. La familia está siendo atacada por todas partes y de formas que nunca hubiéramos imaginado hace una década. Es un privilegio hacer parte de la batalla y procurar instruir a la siguiente generación de ministros y consejeros familiares para que apoyen al pueblo de Dios en estos días difíciles. Y no, no voy a tinturar mi cabello a estas alturas del partido, ni voy a vestirme diferente. Esa no es la clave para encajar. La clave es servir con tus propias capacidades y convertirte en alguien que el Señor usa en ese cargo que te ha delegado, no quedarte sentado diciéndote a ti mismo que eres demasiado viejo para estar ahí.

¿Cuál sería tu consejo para los padres cuyos hijos de la generación Y parecen escépticos o indecisos frente al matrimonio? ¿Cómo animarlos sin involucrarse demasiado?

Muchos jóvenes de la generación Y están posponiendo la edad de casarse (o de tener citas románticas), e incluso cuestionan si el matrimonio es una opción viable en la actualidad. No es fácil para los padres quedarse sin hacer nada y no instar a los hijos a buscar a alguien para casarse. Hemos tenido conversaciones con nuestras hijas acerca de encuentros en línea como una opción para tener citas románticas con alguien que las invite y que cumpla con sus expectativas. Pero para la mayoría de los padres tratar de empujar a los hijos al matrimonio es como empujar una cuerda. Se tiene muy poco apalancamiento aparte de la oración y el ánimo. Una de las mejores cosas que hicimos fue animar a nuestras hijas a darse cuenta de que la industria de las bodas crea unas ansias constantes de algo que en realidad no conviene. Las animamos a conocer jóvenes y estar abiertas a la posibilidad de casarse, pero no las presionamos para que se casen cuando se trata de lograr un matrimonio para toda la vida con alguien que ame y sirva al Señor.

Desde el punto de vista psicológico y espiritual, ¿cómo manejan la ansiedad por el futuro, y qué aconsejarían a las parejas mayores?

Cindy creció en un hogar con problemas de alcoholismo, grandes tensiones y mucha inseguridad. Yo crecí en un hogar monoparental donde el dinero no alcanzaba hasta el fin de mes. Ambos buscamos en Jesús nuestra fuente de seguridad para el futuro, pero también hemos tenido que luchar en diferentes formas con la ansiedad del porvenir. Yo no creo que seamos los únicos. Conozco *muchas* parejas que se preocupan por su salud, sus finanzas, y un mundo lleno de cambios y retos. Lo que yo aconsejaría a las parejas de nuestra edad es realmente descansar en el hecho de que Jesús tiene nuestro futuro en sus manos. Él nunca nos deja solos para enfrentar la vejez, o la enfermedad, o una jubilación cada vez más escasa, o ver a los amigos enfermar, perder su riqueza, o volverse incompetentes. Antes bien, debemos aferrarnos a promesas como Hebreos 13:5: "porque él dijo: No te desampararé ni te dejaré".

Aunque el futuro pueda parecer y ser incierto, no avanzamos solos. Ni un segundo.

La segunda estrategia que aplico para enfrentar la ansiedad es darme cuenta de que las *acciones* dictan mis sentimientos, y no a la inversa. Si nos sentimos ansiosos, no vamos a superar el estrés o el temor esperando que nuestros sentimientos cambien así nada más. LAS ACCIONES DICTAN LOS SENTIMIENTOS. Esto significa que cuando tomamos pasos para planear un presupuesto, alimentarnos mejor, hacer ejercicio con más frecuencia, o servir juntos como pareja en lugar de sentarnos, nuestras acciones van a cambiar nuestros sentimientos. Y esto nos lleva directo a la siguiente pregunta.

¿Cómo pueden los esposos bendecirse mutuamente?

Me parece que hay un versículo poderoso que resume lo que significa bendecir a nuestro cónyuge en cualquier etapa y en cualquier edad. Deuteronomio 30:19 fue un desafío que lanzó Dios a su pueblo cuando se alistaban para entrar en la tierra prometida. "A los cielos y a la tierra llamo por testigos hoy contra vosotros, que os he puesto delante la vida y la muerte, la bendición y la maldición; escoge, pues, la vida, para que vivas tú y tu descendencia".

Para mí, esas cuatro palabras (vida y muerte, bendición y maldición) marcan un camino claro para las parejas de nuestra edad, o de cualquier otra. Primero, debemos *escoger la vida*. Por supuesto, eso significa ante todo que debemos escoger la fuente de vida: ¡Jesús! Él es la vida. Pero esa palabra *vida* significa literalmente "avanzar constantemente hacia algo, hacia alguien". Así que debemos movernos y avanzar hacia el Señor primero, quien a su vez nos dirige hacia nuestro cónyuge y hacia los demás. Pero también existe la otra opción, la muerte, que significa literalmente "separarse" de alguien.

¿Qué hacemos pues cuando nos "movemos hacia" los demás, animados por la vida divina en nuestro interior?

Debemos bendecir, no maldecir. En las Escrituras, la palabra *bendición* encierra dos imágenes. Una es "doblar rodilla" y la otra es "añadir valor o peso", como cuando se añade una moneda en una balanza. ¿Puedes ver la relación entre esas dos imágenes? Dado que esa persona (el Señor, y nuestro cónyuge) es tan valiosa para nosotros, debemos *añadir* a su vida. Con nuestro toque, con las palabras que pronunciamos, y con nuestro compromiso genuino. Como ha ilustrado tan bien el doctor Chapman, debemos usar la *vida* que Dios nos ha dado para actuar y añadir a otros mediante los cinco lenguajes del amor. Hacemos esto en lugar de "maldecir", que significa literalmente "bloquear el torrente", o quitar.

Escoger la vida y la bendición nos permite avanzar y seguir acercándonos a nuestro cónyuge y buscar la manera de *añadir* a su vida, y nos guarda de separarnos del otro y de ver morir la relación. También podemos escoger quitar al otro, en lugar de añadir las bendiciones que Dios habría deseado que aportáramos a su vida.

Para ampliar un poco más las formas de poner esto en práctica, acabo de escribir los pequeños libros *30 Ways a Husband Can Bless His Wife*, y *30 Ways a Wife Can Bless Her Husband* (solo disponibles en inglés).

Agradecimientos

De Gary:

Quisiéramos agradecer a las muchas parejas que compartieron con nosotros sus alegrías y desafíos personales de la segunda mitad del matrimonio. Sus historias le dieron el toque personal a lo que hemos escrito. Estamos especialmente agradecidos con Jerry y Diana Jenkins, Joni y Ken Tada, y con John y Cindy Trent por tomarse el tiempo de contar su experiencia.

De Harold:

Muchas gracias al equipo de Moody Publishers por creer firmemente en este libro. Un agradecimiento especial a Zack Wiliamson por sugerir el título, a John Hinkley por manejar las dinámicas editoriales, y ante todo a Betsey Newenhuyse por su compromiso total en este proyecto a nivel conceptual y en su desarrollo.

intentemos de nuevo

Que hacer cuando tu matrimonio se está desmoronando

GARY CHAPMAN

Autor de la serie de más venta *Los 5 lenguajes del amor*

Si sientes que tu matrimonio está a punto de romperse, o incluso si ya se han separado, Gary Chapman te mostrará cómo puedes darle a tu relación una nueva oportunidad.

Este libro te ayudará a
- dar el siguiente paso cuando enfrentas dificultades en el matrimonio
- descubrir maneras saludables para manejar la frustración y la ira
- lidiar efectivamente con la soledad
- renovar la esperanza y la confianza en tu pareja
- reconstruir tu matrimonio desde cero

Lo que me hubiera gustado saber... *¡antes de casarme!*

Consejos para novios, recién casados y los matrimonios que quieren reencontrarse

GARY CHAPMAN
AUTOR DEL ÉXITO DE VENTAS
Los cinco lenguages del amor

El reconocido escritor y consejero matrimonial, Gary Chapman, cree que el divorcio es el resultado de la falta de preparación para el matrimonio y de la incapacidad para aprender a trabajar juntos como compañeros de equipo íntimos. Este libro práctico está lleno de sabiduría y de consejos para poder disfrutar de un matrimonio afectuoso, en el que ambos se apoyan y resultan beneficiados. Es el tipo de información que al mismo Gary le hubiera gustado tener antes de casarse.

El matrimonio
que *siempre* ha deseado

Dr. Gary Chapman

El mensaje central del libro es: Para disfrutar "el matrimonio que siempre ha deseado", tiene que primero ser la persona que Jesús siempre ha deseado que sea. Trata entre otros los temas de la comunicación, las expectativas y el reto de cómo manejar el dinero. Este libro es continuación de *Los cinco lenguajes de amor.*

Biblia devocional:
Los lenguajes del amor

Lectores de Gary Chapman dicen que sus enseñanzas son relevantes, útiles, simples, eficaces… y él aporta su estilo a esta Biblia. Esta Biblia incluye la versión Reina-Valera 1960, 260 devocionales diarios, 52 estudios bíblicos para cada fin de semana, guías de oración, introducciones a los libros de la Biblia y mucho más.

EDITORIAL
PORTAVOZ

NUESTRA VISIÓN

Maximizar el efecto de recursos cristianos de calidad que transforman vidas.

NUESTRA MISIÓN

Desarrollar y distribuir productos de calidad —con integridad y excelencia—, desde una perspectiva bíblica y confiable, que animen a las personas a conocer y servir a Jesucristo.

NUESTROS VALORES

Nuestros valores se encuentran fundamentados en la Biblia, fuente de toda verdad para hoy y para siempre. Nosotros ponemos en práctica estas verdades bíblicas como fundamento para las decisiones, normas y productos de nuestra compañía.

Valoramos la excelencia y la calidad
Valoramos la integridad y la confianza
Valoramos el mérito y la dignidad de los individuos y las relaciones
Valoramos el servicio
Valoramos la administración de los recursos

Para más información acerca de nuestra editorial y los productos que publicamos visite nuestra página en la red: www.portavoz.com